O mestre inventor

Relatos de um viajante educador

Coleção
Educação: Experiência e Sentido

Walter Omar Kohan

O mestre inventor
Relatos de um viajante educador

Tradução
Hélia Freitas

1ª edição
1ª reimpressão

 autêntica

Copyright © 2013 Walter Omar Kohan
Copyright © 2013 Autêntica Editora
Título original: *El maestro inventor. Simón Rodríguez*

Todos os direitos reservados pela Autêntica Editora. Nenhuma parte desta publicação poderá ser reproduzida, seja por meios mecânicos, eletrônicos, seja via cópia xerográfica, sem a autorização prévia da Editora.

COORDENADORES DA COLEÇÃO
EDUCAÇÃO: EXPERIÊNCIA E SENTIDO
Jorge Larrosa
Walter Kohan

EDITORA RESPONSÁVEL
Rejane Dias

CAPA
Alberto Bittencourt (sobre imagem de Simón Rodriguez. Retrato feito por A. Guerrero, um discípulo seu, em Latacunga, 1850.)

DIAGRAMAÇÃO
Conrado Esteves

REVISÃO
Cecília Martins
Lizete Mercadante

LEITURA FINAL
Joana Tolentino

Dados Internacionais de Catalogação na Publicação (CIP)
(Câmara Brasileira do Livro, SP, Brasil)

Kohan, Walter Omar
 O mestre inventor. Relatos de um viajante educador/ [tradução Hélia Freitas]. -- 1. ed.; 1. reimp. -- Belo Horizonte : Autêntica Editora, 2015. -- (Coleção Educação : Experiência e Sentido)

 Título original: El maestro inventor. Simón Rodríguez

 ISBN 978-85-8217-250-6

 1. Educação - Venezuela - História 2. Educadores - Biografia 3. Rodríguez, Simón, 1769-1854 I. Larrosa, Jorge. II. Kohan, Walter Omar. III. Série.

13-08080   CDD-370.92

Índices para catálogo sistemático:
1. Educadores : Biografia e obra 370.92

Belo Horizonte
Rua Aimorés, 981, 8º andar
Funcionários . 30140-071
Belo Horizonte . MG
Tel.: (55 31) 3214 5700

Rio de Janeiro
Rua Debret, 23, sala 401
Centro . 20030-080
Rio de Janeiro . RJ
Tel.: (55 21) 3179 1975

São Paulo
Av. Paulista, 2.073,
Conjunto Nacional, Horsa I
23º andar . Conj. 2301 .
Cerqueira César . 01311-940
São Paulo . SP
Tel.: (55 11) 3034 4468

Televendas: 0800 283 13 22
www.grupoautentica.com.br

APRESENTAÇÃO DA COLEÇÃO

A experiência, e não a verdade, é o que dá sentido à escritura. Digamos, com Foucault, que escrevemos para transformar o que sabemos e não para transmitir o já sabido. Se alguma coisa nos anima a escrever é a possibilidade de que esse ato de escritura, essa experiência em palavras, nos permita liberar-nos de certas verdades, de modo a deixarmos de ser o que somos para ser outra coisa, diferentes do que vimos sendo.

Também a experiência, e não a verdade, é o que dá sentido à educação. Educamos para transformar o que sabemos, não para transmitir o já sabido. Se alguma coisa nos anima a educar é a possibilidade de que esse ato de educação, essa experiência em gestos, nos permita liberar-nos de certas verdades, de modo a deixarmos de ser o que somos, para ser outra coisa para além do que vimos sendo.

A coleção *Educação: Experiência e Sentido* propõe-se a testemunhar experiências de escrever na educação, de educar na escritura. Essa coleção não é animada por nenhum propósito revelador, convertedor ou doutrinário: definitivamente, nada a revelar, ninguém a converter, nenhuma doutrina a transmitir. Trata-se de apresentar uma escritura que permita que enfim nos livremos das verdades pelas quais educamos, nas quais nos educamos. Quem sabe assim possamos ampliar nossa liberdade de pensar a educação e de nos pensarmos a nós próprios, como educadores. O leitor poderá concluir que, se a filosofia é um gesto que afirma sem concessões a liberdade do pensar, então esta é uma coleção de filosofia da educação. Quiçá os sentidos que povoam os textos de *Educação: Experiência e Sentido* possam testemunhá-lo.

*Jorge Larrosa e Walter Kohan**
Coordenadores da Coleção

---

* Jorge Larrosa é Professor de Teoria e História da Educação da Universidade de Barcelona e Walter Kohan é Professor Titular de Filosofia da Educação da UERJ.

AGRADECIMENTOS

A Gregorio Valera-Villegas agradeço o estímulo permanente, os livros, a hospitalidade e, sobretudo, a amizade genuína.

A Maximiliano Durán, professor enamorado pelo ofício do magistério, agradeço pela alegria e pela generosidade em compartilhar sua paixão, nossa paixão.

A Hélia Freitas, pela tradução viva e ajustada.

A Joana Tolentino, pela revisão da 1ª edição.

NOTA DO AUTOR

Nas referências incluo os textos que serviram de apoio à escrita deste livro. Nas notas, quando não explicito um autor, é porque se trata das obras de Simón Rodríguez. Quando não coloco o título da obra é porque se trata das obras completas, que cito simplesmente pelo número de volume e de páginas. No caso das cartas, cito o destinatário, a data, e o título Cartas, seguido do número de página. Quando o autor das cartas é Bolívar, o esclareço. As referências completas dessas obras encontram-se ao final do livro. Nas citações de Rodríguez, preservo o seu castelhano, sua grafia original.

SUMÁRIO

PRÓLOGO
Uma leitura de Rodríguez em tom de Kohan............... 11
Gregorio Valera-Villegas

APRESENTAÇÃO
Por que e para que ler Simón Rodríguez?...................... 17

CAPÍTULO 0
A história de Thomas... 29

CAPÍTULO 1
Viajar e formar-se: errância... 39
    Os inícios do viajante... 39
    De viagem pelo mundo.. 46
    O retorno à América... 51
    Um mestre errante.. 58

CAPÍTULO 2
Ensaiar a própria escola... 65
    Escrever depois de Thomas.. 66
    Inventamos como Thomas ou erramos........................ 70
    A infância de crianças como Thomas........................... 78

CAPÍTULO 3
Inventar a educação popular.. 83
    A escola de Thomas.. 83
    Os modos de ser professor... 85
    Um trabalho sobre a atenção.. 88
    A alegria de ensinar.. 90
    A escola popular... 92
    Uma escola de hospitalidade... 94

CAPÍTULO 4
A escola da antiescola: iconoclastia e irreverência.......... 99
    Simón Rodríguez e a filosofia......................................101
    Um Sócrates popular...103
    Uma escola cínica..113
    Um mestre ignorante ou desobediente?......................117

EPÍLOGO
Fazer escola, vida e política com Dom Simón................ 131

REFERÊNCIAS... 141

PRÓLOGO

Uma leitura de Rodríguez em tom de Kohan

Gregorio Valera-Villegas[1]

De Simón Rodríguez poderíamos dizer que é o ensinar como um desafio. A prática de se atrever a pensar, a imaginar, a sonhar sem medos, de forma aberta, com erros, sim, com sucessos parciais também, com muitos fracassos e, novamente, de volta ao caminho do ensaio. O ensaio nele é uma trilha, que se abre e se fecha continuamente, de finitude sem morte, de início, reinício, para seguir vivendo, para continuar em direção a um final que é um recomeço, um novo começo.

Rodríguez, o andarilho, o da eterna errância, que chega a ser o que é desde o atrever-se a experimentar o pensar, o inventar, vale dizer, filosofar e ensinar como expressões de um professor e filósofo ou um filósofo-professor. Aquele da palavra viva, pura irreverência, pura iconoclastia no andar, no falar, em sua práxis política. Palavra à viva voz em seu

---

[1] Professor de Filosofia da Educação da Universidade Central da Venezuela e da Universidade Experimental Simón Rodríguez.

transladar-se pela Europa, em seu viajar de formação; e, mais tarde, escrita para dirigir-se às futuras gerações, acompanhada da, irônica e irreverente, permissão dos seus contemporâneos, especialmente daqueles que nunca o compreenderam.

Esse desafio de Samuel Robinson, convertido em Rodríguez, é aceito por Walter Kohan, filósofo e pedagogo, para atrever-se a pensar, a ensaiar a partir dele, junto dele e a caminhar com ele. Em um ensaiar com a âncora na América, em Nossa América, diria Martí, anos mais tarde. Ensaiar é uma tentativa sempre de sermos originais, como assinalava o professor de Bolívar, porque originais, apregoava, são todas as coisas na América.

O livro *O mestre inventor. Simón Rodríguez* é uma entrega de um aproximar-se e relacionar-se com a vida e a obra do filósofo, que já leva alguns anos. Aproximação que se transformou em um conhecimento, em uma busca por fazer um corpo a corpo com o Sócrates de Caracas, como assim fora chamado em um momento, com o Sócrates de Nossa América, diria eu. Esta obra poderia ser descrita como um estudo a mais sobre Rodríguez. No entanto, pode-se dizer que ela tem suas peculiaridades fundadas em um experimentar próprio, diferente, original. Um Rodríguez em tom e ritmo de Kohan. Um Rodríguez a quem faz falar e andar de novo e vai até seu campo para reaprender os seus passos, para revelá-los em diferentes tons, com a sabedoria de um intérprete e com o sabor das musas filosóficas atuais.

O Rodríguez de Kohan toca núcleos do professor errante para entoar sua errância, seu nomadismo, sua irreverência e sua perpétua iconoclastia. Neste Rodríguez se sente um viajante que se faz e se desfaz em projetos, que reinicia sua finitude em seu novo caminho, em empresas educativas libertadoras, populares, vale dizer, políticas. Um Rodríguez múltiplo, caleidoscópico, que chega, toca e subverte, e logo se põe a andar; em uma eterna busca por formar o novo homem, o novo republicano para as novas repúblicas. Um visionário que se abre e se forma nos caminhos que faz e transita. Um viajante eterno do tempo e sua circunstância.

O livro *O mestre inventor* é, pois, biografia, narrativa e mímesis. Uma excursão do pensar no contraponto do biográfico sem contágio de crônica de datas. Uma biografia viva que vai tecendo a narrativa para alcançar a identidade de um personagem, de um filósofo muito original, na junção de sua escrita e de suas cartas. Aqui não há datas que distanciem o personagem, ao contrário, trata-se de narrá-lo para fazê-lo falar, para que nos fale, para que nos faça pensar e fazer com ele. E aqui o exercício de mímesis é múltiplo: a partir da leitura do personagem histórico e ficcional em letras de Rumazo González e Uslar Pietri, até a mímesis de Kohan que acaba convertido e, em alguma medida, convertendo-nos em seu Rodríguez.

O mestre inventor é um ensaio sobre ensaio. Um pensar que ensaia como único caminho para poder interpretar a obra de Rodríguez. Ensaio sobre ensaio, camada após camada para dar corpo a uma urdidura para caracterizar um mestre inventor. Se o Joseph Jacotot de Rancière é o mestre ignorante, o Rodríguez de Kohan é o mestre inventor, descobridor, que o faz porque seu destino é inventar, sua vocação é ensaiar e errar, seu desafio é o atrever-se sempre a inventar, apesar do errar, do fracassar. O atrever-se a imaginar, contra todo prognóstico, outras sociedades americanas. E aí a escola mista e antirracista, a escola dos mais pobres, dos negados, mais além da educação popular, e na volta, o desafio de formar os novos cidadãos, os novos republicanos para as repúblicas americanas em nascimento. E o ensaiar a obra escrita filosófica, pedagógica e política, junto ao responder às urgências de entender os cataclismos naturais a partir de seu pensamento científico.

O Rodríguez de Kohan é o errante que faz do pensar um projeto inacabado. E assim vida e obra são interpretadas a partir das notas de um pensamento que sempre começa, que sempre nasce e renasce, que finaliza quando começa um novo ensaio, que termina e começa quando em cada erro se inicia uma nova invenção.

Caminhos de ida e volta, ensaios que se recriam constantemente em exercícios de finitude. Errância com conhecimento de causa do que não se tem, do que não há certeza, do erro que faz inventar, que faz sonhar o caminho à Nossa América.

Caracas, abril de 2013

La instrucción pública, en el siglo 19, pide mucha filosofía:
"El interés general está clamando por una REFORMA",
y... la América!!
está llamada, por las circunstancias, a emprenderla.
Atrevida paradoja parecerá...
no importa:
los acontecimientos irán probando
que es una verdad muy obvia:
la América no debe imitar servilmente,
sino ser ORIGINAL.

Simón Rodríguez (I, p. 24)

APRESENTAÇÃO

Por que e para que ler Simón Rodríguez?

Este é um livro de educação e de vida. É um ensaio sobre uma vida educadora. Sobre a educação entendida como uma viagem através da vida. Sobre o viajar em nome da educação, para transformar o mundo da vida. Sobre a vida que educa educando-se a si mesma, como uma viagem através de si mesma e de outras, atenta a outras vidas, em busca de vidas outras.

Escrever é afirmar uma vida. Isso porque há sempre, atravessando uma escrita, uma vida sendo afirmada (e muitas outras negadas), seja qual for seu tema e propósito. Não há como separar a vida da escrita. Quando, como neste caso, uma vida se torna objeto da escrita, quando escrevemos sobre uma vida em um sentido estrito, sobre a vida de um ser humano, então a afirmamos duplamente, na vida que aparece escrita e na vida recriada pelo próprio escrever, na vida desse homem que se faz carne nas palavras duas vezes, em seu movimento vital e na vida que essas palavras alcançam em cada gesto de escrita e de leitura que originam. Traduzindo em outros termos essa dupla dimensão: a vida se encontra tanto no vivido que se afirma por escrito quanto no que ela mobiliza ao ser escrita e lida, no que dela dá força e sentido à escrita e à leitura. Nesse duplo movimento, que se torna, na verdade, múltiplo, entre vida, escrita e leitura, escrevemos e nos escrevemos a partir de uma vida que nos atravessa em muitos sentidos.

De modo que não escrevemos para demonstrar a verdade de uma história, para defender ideias ou conceitos, para render homenagens ou tributos, nem para consagrar pensamentos, ainda que algo de tudo isso também possa habitar essa escrita. Não nos interessa a palavra dissociada do movimento vital que a pronuncia e a transporta para onde as condições para escutá-la não parecem estar instaladas. Importa a palavra no movimento múltiplo da vida, da escrita e da leitura, no que ela traz e origina de uma vida vivida inteiramente pelas vidas por viver a partir das leituras dessa vida que se manifesta em palavras. Para isso escrevemos, por isso estamos escrevendo, para afirmar e gerar vidas.

Note-se que temos escrito "a vida de um ser humano", e não a de um filósofo, educador, intelectual ou tantas outras formas pelas quais poderíamos qualificar uma vida tão extraordinária e fértil como a de Dom Simón Rodríguez. Dizemos "ser humano" porque queremos justamente evitar os modos específicos de profissão para encontrar essa vida da forma mais desvestida e inteira possível. Certamente que gera certa aflição fazê-lo, tratando-se daquele que foi chamado de "o Sócrates de Caracas"[2], por Bolívar, seu discípulo mais famoso. Contudo, provoca tanto aflição quanto uma tentação muito grande, especialmente pela força extraordinária que provém de uma vida quixotesca, apaixonada e apaixonante,

---

[2] Carta de Bolívar a Santander, de Pallasca, 8 de dezembro de 1823. In: *Cartas*, p. 117. Veremos de um modo mais detido a relação entre Bolívar e Rodríguez no capítulo IV deste livro.

dedicada a problemas, talvez corriqueiros, como também pelo que essa vida pode nos oferecer para pensar as vidas presentes nesta terra compartilhada e comum. Mostra-se fascinante essa vida pela coerência, intensidade e plenitude com que foi vivida. Do mesmo modo se mostra sua escrita envolvente, atrativa, irreverente.

No entanto, é preciso fazer alguns esclarecimentos. Não espere o leitor um trabalho historiográfico nos cânones da hermenêutica acadêmica, cada vez mais profusa com respeito ao nosso personagem. Não nos anima dar conta de uma biografia de Simón Rodríguez, trabalho difícil, necessário, polêmico, sobre o qual há uma abundante e rica bibliografia já produzida, que só em parte incluímos nas referências bibliográficas. Lemos muitos trabalhos sobre Dom Simón, mas não estamos preocupados em defender uma interpretação contra outras, em mostrar a suposta insuficiência de determinada leitura ou a necessidade de reparar certa linha de exegese. Tampouco pretendemos repor as ideias principais desse autor, sua contribuição teórica, sua linha de pensamento. Não se trata de interpretar, de dizer o que Rodríguez verdadeiramente teria pensado acerca da vida, da educação, da filosofia, ou sobre qualquer outra coisa. Claro que faremos referências a muitas de suas obras, mas o faremos para pensar junto a um personagem conceitual, para buscar inspiração em uma vida cheia de pensamento, para tratar de sentir a transpiração de uma experiência de errância, inquietude, irreverência, originalidade, em nossa busca de sentido para uma vida que queremos viver na educação e na filosofia. Buscaremos pensar com Simón Rodríguez uma forma de reunir a filosofia, a educação e a vida. O que tentaremos é, acima de tudo, ensaiar, ensaiar na escrita, ensaiar na vida e no pensamento, como queria Dom Simón Rodríguez. Viajar no pensamento, como ele tanto viajou, no pensamento e na vida. Será, assim, um escrito rodrigueziano nesse exato sentido, naquele em que o que confere sentido a este escrito é, talvez e com o perdão da pretensão, o que dava sentido à escrita de Dom Simón Rodríguez.

Como disse meu amigo Gregorio Valera-Villegas – o principal impulsor, incentivador e animador desta escritura –, seguindo a outro fabulador, o venezuelano Francisco Herrera Luque, este é um exercício de história fabulada. Quero dizer, um exercício para dizer o que a historiografia não disse ou ocultou... ou para ser menos pretensioso, um ensaio que pretende destacar o que foi dito muito rapidamente ou ligeiramente, em outro contexto, em um jogo de escrita diferente, para simplesmente fazê-lo vibrar de outra maneira ou com outro sentido, com outros acentos e desacentos. Não quero entrar nas complexas tramas da historiografia, não tenho pretensões de historiador, apenas a de recriar uma vida pela força e pela inspiração que essa vida poderia nos trazer nestes dias a estas terras, para pensar um espaço na trama de relações entre educação, vida e filosofia. Espero, simplesmente, estar à altura do personagem ao fazer esta biografia filosófico-educacional, para designá-la de algum modo.

Estamos em um tempo em que a escrita parece ter se distanciado da vida. Pelo menos neste mundo acadêmico que habitamos e que aparenta ter construído um mundo próprio, com suas próprias regras, sua própria vida, às vezes sombria, apagada, esquiva, de costas para o mundo da vida. Vivemos em meio a esse mundo. Emaranhados nele. Muito se escreve aí. Escreve-se sobre muitas vidas. Quanta vida povoa esses escritos? Que tipo de vida? De que modo esses escritos afirmam ou negam a vida que os atravessa? Não quero ser demasiado pretensioso, respondendo minhas próprias perguntas. De qualquer modo, esta escrita habita esse mundo acadêmico e o faz apoiada na vida educadora e filosófica de Simón Rodríguez, apostando na vida que também aí circunda. Na que pode circundar. Naqueles que têm afirmado e procurado vida entre tantos papéis e, agora, arquivos de texto. Atentos ao jogo da escrita acadêmica, tratamos de praticá-lo com certa liberdade, valendo-nos dele na medida em que nos ajuda muito mais a pensar o valor educacional de uma vida do que a constatar a verdade pedagógica escrita por essa vida. E a recriar a vida, aí onde ela se encontre.

Sempre é possível encontrar na obra de um autor uma ideia que dá vida a essa obra. O mesmo vale para uma vida. Isso é o que fazemos com Simón Rodríguez: tirar proveito de uma ideia que vemos com certa nitidez em sua obra e em sua vida, através de alguns traços que a distinguem, que a mostram mais especificamente, que a destacam em sua originalidade, sua singularidade e sua potência. Não se trata de marcas naturais ou essenciais que estão à espera de serem descobertas ou desveladas. Tampouco são pontos fixos que alguns bons leitores conseguem manifestar e outros não. São arranjos entre a escrita e a leitura, pontos móveis combinados aos interesses de uma leitura e uma escrita que, sem ferir as apostas e sentidos originais, os fazem jogar produtivamente em um novo campo de sentido a partir do qual se os quer fazer valer. Isso quer dizer, basicamente, ler e escrever: escolher algumas notas distintivas e fazê-las vibrar até que quase não pareçam as mesmas e, no entanto, não se possa dizer que não são.

Esse gênero de escrita é, pois, dialógico neste preciso sentido: deriva de dois pensamentos postos em comum. O fato de que um pareça mais passivo por seu próprio caráter de estabelecido e outro mais ativo por seu papel de despertar naquele o que está sendo pensado é só uma aparência.

Os pensamentos se imbricam, se contagiam, se infectam, um e outro saem diferentes do encontro, de outra maneira, sem poder já pensar o que pensavam antes da experiência do encontro ou, pelo menos, sem poder fazê-lo do modo como antes faziam. Assim se vai gerando pensamento: nesse diálogo inconcluso e infinito, exercício constante de leitura e escrita que descortina ao pensamento novos caminhos a serem habitados.

Neste caso, lemos a vida de Dom Simón Rodríguez a partir de uma ideia[3] principal e de muitos motivos que julgamos potentes para pensar, por meio dessa ideia, o que nos interessa pensar. Repito. Nem a ideia principal que dá vida a este escrito nem os tópicos nos quais ela se desdobra são as únicas questões relevantes, nem as mais importantes, essenciais ou verdadeiras. Não tenho essa pretensão. Sei que deve haver muitas outras ideias igualmente interessantes em outros jogos de escrita e de leitura. Houve e haverá. Talvez em nós mesmos. Escolhi a que será apresentada na continuação porque me parece fiel a um estilo de pensamento e de vida e, ao mesmo tempo, potente para projetá-lo de muitas outras formas. Porque me ajuda a pensar o que me interessa pensar neste momento, nesta terra. Repito: não há neste exercício de escrita a pretensão de alcançar a verdade, mas sim de provocar sentidos, e estes são afirmados a cada leitura, naquilo que esta escrita é capaz de provocar em seus leitores. Nisso aposto ao escrever.

Antes, alguns esclarecimentos a mais. Rodríguez ensaiou toda sua vida. Foi professor desde a juventude e também muito jovem foi um político da educação, fez política

---

[3] A partir de uma perspectiva filosófica precisa de "ideia", na linha do francês A. Badiou, M. Durán (2012) oferece uma leitura muito potente de S. Rodríguez.

ensinando e pensando a escola. Foi também um filósofo, com a amplitude que esse termo tem. Foi um leitor e um viajante obstinado, e suas posturas foram se modificando a partir dessas leituras e dessas viagens, desse conhecimento do povo que uns e outros lhe foram proporcionando. Evidentemente, o primeiro Rodríguez, o de Caracas, o das *Reflexiones* de 1794, está muito distante do Rodríguez que retorna à América para fazer a revolução educativa. Poderíamos dizer de um modo simplificado, para tentar deixar as coisas um pouco mais claras, que há pelo menos três Rodríguez, cada um ocupando algo assim como um terço de sua vida: o que nasce e vive em Caracas, o que anda viajando pela América Central, Estados Unidos e Europa e o que volta à América para concluir a revolução iniciada por Bolívar. Ainda quando falamos de Rodríguez no singular ou usamos pretensiosos advérbios temporais, é sobretudo de um Rodríguez que estamos falando, esse que recorre à América andina desde seu retorno até sua morte, durante pouco mais de trinta anos. Do que anda pela Europa, pouco ou quase nada conservamos como testemunho. Do primeiro, não nos entusiasma tanto o pouco que conservamos.

Para isso, no "Capítulo 0: A história de Thomas", parto de uma história tomada da biografia de Simón Rodríguez que tem um peso simbólico muito importante na leitura que estou propondo. É um episódio menor, pequeno, como a criança que a provoca, mas que também tem o efeito de uma experiência filosófico-pedagógica com todas as letras. Ou seja, uma vivência que possibilita uma transformação no modo de ver o mundo, que provoca uma mudança de ritmo, de caminho, de paisagem. Uma experiência de vida que impede seguir pensando como se pensava, viver como se vivia. Uma vida se encontra com outra vida e a chama a recriar-se, reinventar-se. Parto, assim, dessa narrativa que traz decisivamente o pequeno Thomas para a vida de Simón Rodríguez e que passará a alimentar uma ideia principal que, em outro tempo, percorrerá a América, junto com Dom Simón, em sua vida de viagens.

Na continuidade desta apresentação explicitarei essa ideia principal decorrente da narrativa inicial, que será descrita em um primeiro capítulo. Em cada um dos capítulos seguintes desdobraremos a narrativa inicial e cada um dos motivos da ideia a que deu lugar. Em resumo, a ideia é que o significado principal da tarefa docente, de uma vida docente, de uma vida dedicada à educação, é fazer escola. A afirmação pode parecer um pouco banal ou esdrúxula neste momento em que um dos principais problemas da educação na América Latina já não é tanto a falta de prédios escolares, mas o que se faz neles, ou, em outros termos, para quê se vai à escola. Nesse sentido, uma primeira leitura de nossa presunção a consideraria banal, porque seria evidente que na época de Rodríguez se tratava justamente de instalar os edifícios escolares que não existiam.

Contudo, não é precisamente disso que se trata quando dizemos que a singularidade de Rodríguez está em seu chamado a fazer escola e no modo como realiza esse chamado. Pelo menos não é isso em seu sentido mais forte. Claro que de certo modo não deixa de ser significativo que Rodríguez também tenha feito escolas em um sentido mais literal, o de construir edifícios e salas de aula. Mas o que queremos pensar ao afirmar o "fazer escola" como sendo o sentido principal da vida de Simón Rodríguez e como tarefa de qualquer docente, ainda – ou sobretudo – daqueles que ingressam em uma escola já acabada, já definida em seus mínimos detalhes, é a necessidade de gerar, criar ou inventar algo que não necessariamente está dado pelo fato de existir uma instituição escolar. Queremos dizer que Simón Rodríguez ajuda a pensar a necessidade de que cada professor faça escola ao entrar na escola, de que dê à escola algo assim como sua condição, seu caráter mais próprio, algo que não está dado, mas que é instaurado na vida escolar, na educação feita vida. A ideia que aprendemos de Dom Simón na América Colonial do século XIX, vigente também na América Latina em movimento do século XXI, é que se trata, quando se vive em, de e para a educação, de fazer escola nas escolas. Logo daremos, em cada um dos capítulos, indicações mais precisas acerca do que significa fazer escola para esse homem.

Assim, vamos estudar de que maneira Simón Rodríguez "faz escola", que escola faz e para quê, ponderando que esse modo de fazer escola pode ser profundamente inspirador para os que querem fazer escola nestes tempos, nos espaços que habitamos. Os modos que escolhemos para especificar esse "fazer escola", considerados os mais singulares da criação de Rodríguez, são os que nomeiam cada um dos capítulos que seguem à apresentação da história que os inspira: "viajar e formar-se: errância", "ensaiar a escola", "inventar a educação popular", "a escola da antiescola: iconoclastia e irreverência". O epílogo "Fazer escola, vida e política com Dom Simón" estuda o significado desse "fazer escola" e explora seus sentidos.

Trata-se simplesmente de distinguir e dar alguma disposição ao que, de qualquer modo, está muito relacionado e conexo. Essa divisão é apenas uma tentativa de organizar o que poderia se apresentar de muitas outras maneiras. Assim, os capítulos se imbricam, se invadem e se superpõem. Em boa hora. Tudo isso para fazer escola *à la Simón Rodríguez*. Como agora, com palavras estrangeiras. Na leitura, na escrita, no pensamento e na vida. Quem sabe o leitor poderá fazer sua própria escola com as palavras aqui encontradas.

DENSEME LOS MUCHACHOS POBRES

         o declaran libres al nacer
            o
DENSEME LOS QUE LOS HACENDADOS no pueden enseñar
            o
         abandonan por rudos

         porque ya estan grandes
o   o
dénseme los que la Inclusa bota porque no puede mantenerlos
            o
         porque son hijos lejítimos

        Simón Rodríguez (I, p. 313)

CAPÍTULO 0

A história de Thomas

Há pequenos episódios que podem mudar a vida de uma pessoa e, por meio dela, a vida de muitas outras. Podem ser situações aparentemente banais, coloquiais e sem maior transcendência que, em qualquer outro momento, passariam despercebidos, mas que, em determinadas circunstâncias da vida de uma pessoa, nesse momento *kairós* em que se apresentam, ocasionam um terremoto, fazem com que tudo mude de lugar, de posição, de estado. É o que acontece com Simón Rodríguez enquanto passa aprazíveis dias na Jamaica, uma jornada qualquer na aparentemente tranquila e divertida cidade caribenha de Kingston, na qual ocorre a primeira parada de uma longa viagem.

Simón ainda possui algumas economias e não necessita trabalhar para se sustentar. Decidiu estudar o inglês falado na região e frequenta para isso a escola da cidade. Encontramos esse início da história em várias de suas biografias.[4] Rodríguez aprecia muito o trato com crianças. Gosta de brincar com elas. Sente-se como uma delas. Aprende e

---

[4] Por exemplo, em Wendehake (1935, p. 8) e Amunátegui (1896 p. 233).

brinca. Nas aulas e nas ruas. Mas um dia acontece algo que muda radicalmente o que ele pensa sobre a educação da infância.

Nesse dia Simón Rodríguez sai da escola, como frequentemente fazia, com um grupo de crianças, brincando. A brincadeira consiste em lançar os chapéus ao ar e apanhá-los antes que toquem o chão. Há uma casa na cidade que atrai particularmente a Dom Simón e às crianças, e em frente a ela geralmente reúnem-se para brincar. É a dos Johnston, uma das poucas com segundo andar e varanda em Kingston. É uma das famílias mais privilegiadas daquela sociedade. Quando não há ninguém à vista, Simón e as crianças brincam para ver quem encaixa o chapéu em um vaso vazio em um canto da varanda. Mais de uma vez saem correndo às gargalhadas quando alguém aparece para repreendê-los por perturbarem o descanso dos proprietários da casa.

Até agora as crianças sempre falharam em suas pontarias nessa brincadeira, e os chapéus caem todas as vezes que são lançados, sem encaixar o vaso. No entanto, não há problema nesse aparente fracasso. Ao contrário. As crianças e Simón se divertem do mesmo modo. A graça do jogo parece estar em jogar, não em alcançar determinado resultado. Mas nesse dia, por alguma razão que o impele interiormente, Simón Rodríguez decide ele mesmo dar uma lição às crianças e se anima a experimentar a pontaria, o que não havia feito antes. Para surpresa e admiração dos pequenos, e de si mesmo, Rodríguez acerta o vaso na primeira tentativa. Os risos, saltos e gritos despertam a curiosidade dos moradores. Simón Rodríguez se mostra orgulhoso e lhes diz: "Veem como se faz? Aprendam com um homem experiente!". E mais uma vez solta uma risada ampla e estridente, que as crianças comemoram e imitam. Por um momento, esquecem-se de onde estão e das advertências do mordomo da casa. Brincam, sorriem, divertem-se. Nada mais parece importar neste mundo.

Mas a emoção dura alguns instantes e depois é substituída pela preocupação: como recuperar o chapéu? Embora seja de boa estatura, Rodríguez está muito longe de alcançar, por seus próprios meios, o piso superior da casa. Eles devem também ser furtivos, pois, lembre-se, foram avisados várias vezes por um dos mordomos para que parassem de perturbar a tranquilidade da proprietária da casa ou ele os tiraria à força, caso insistissem em brincar demoradamente na porta da casa. Nem pensar, então, na alternativa mais fácil, que uma das crianças insiste em propor: bater na porta e pedir o chapéu para os proprietários. Outras alternativas também falham: nenhuma das varas que estava nas proximidades chegava até a varanda, os galhos de uma árvore próxima da casa são muito frágeis para sustentar mesmo as crianças mais magras. Simón Rodríguez pensa em trazer uma escada, mas a única que conhece está muito longe, e o atraso pode ser fatal se o chapéu for descoberto: de que modo explicariam como ele chegou lá? É preciso resolver o problema mais rapidamente. Não sabe o que fazer.

Enquanto Rodríguez ainda está pensando com as crianças uma solução sem encontrar alternativa, Thomas, um negrinho que sempre os assiste com olhos brilhantes, manifestando vontade de participar do jogo sem atrever-se a pedi-lo, e que tinha acompanhado todo o episódio em silêncio, quase de um salto, e sem respirar, diz a Simón Rodríguez: "Por que as crianças não sobem em seus ombros e uma delas pega o chapéu?".

Da surpresa, todos passam imediatamente para o entusiasmo. A resposta do professor-estudante vem rapidamente: "É uma ótima ideia. Nós a colocaremos em prática com uma condição: que você seja o primeiro na escada humana, o que retira o chapéu do vaso". O brilho dos olhos de Thomas é suficiente como resposta. Ele conseguiu o que queria: se juntar ao grupo, brincar com eles. O resultado é magnífico: o chapéu está de volta na cabeça de Simón Rodríguez em menos de três minutos. É verdade que algumas crianças – entre elas o pequeno Thomas – batem-se ao descer apressadamente da escada humana que eles mesmos formaram, mas os risos e a satisfação pela experiência compartilhada superam qualquer dor ou arranhão; particularmente para Thomas, que sai correndo com os mesmos olhos brilhantes com os quais ele antes olhava brincar os que agora eram seus novos companheiros de diversão. Logo, o resto também se dispersa entre risos, promessas de repetir a brincadeira e desafios de novas travessuras.[5]

Esse dia não é um a mais na vida de Simón Rodríguez. Ao retornar para a pousada onde está hospedado, a imagem do que aconteceu, os olhos de Thomas brilhando, o tom firme de sua proposta – que Rodríguez pode intuir mais do que entender completamente dada a sua ainda inicial aprendizagem da língua –, o modo como eles resolveram a situação rapidamente, a escapada correndo de Thomas, enfim, Rodríguez está fixado no que aconteceu e o repassa em sua mente, nos mínimos detalhes. Durante o resto do dia, quase não consegue pensar em mais nada. À noite, dorme tarde, repassando ainda as imagens do que aconteceu.

Procura, como sempre, entender o ocorrido, inclusive o porquê de algo tão simples ter lhe provocado semelhante terremoto interior. Volta a recordar os detalhes do episódio,

---

[5] A narrativa apresenta-se em seus mínimos detalhes em *Jamaica Observer*, do biógrafo jamaicano Jonathan Sarsfield, na crônica de sua autoria, datada de 1º de janeiro de 1810. Esta narrativa não foi recuperada nas biografias consultadas de Rodríguez nem em outro material bibliográfico.

espelha em sua mente, um por um, os momentos que viveu. Algumas coisas fixam sua atenção. Thomas o teria ouvido quando ele propôs buscar uma escada? Como ele não pensou antes na alternativa proposta pelo pequeno Thomas? Por que nenhum dos outros meninos pensou nessa solução? Por que a alternativa nasceu justamente da criança menor, que estava de fora, o negrinho, o estranho, de certo modo estrangeiro para o grupo? Por que Thomas saiu correndo em disparada uma vez resolvido o problema, se parecia apreciar a situação e sua ideia foi um sucesso? Por que não quis aproveitar o seu momento de "herói"? Por quê? Por quê? Simón Rodríguez vive se perguntando "por quê".

Aos poucos, vai formulando sua própria análise da situação. Justamente o fato de Thomas ser o menor, o negro, o estranho-estrangeiro no grupo deve ser considerado um aspecto importante para entender o que aconteceu. Talvez tenha sido exatamente essa condição o que permitiu que o pequeno Thomas visse o que ele mesmo e as outras crianças não podiam ver. O pequeno inventou. Ele reuniu duas coisas conhecidas: a escada e as pessoas, e pensou: "Por que não fazer uma coisa das duas, uma vez que só temos uma das duas partes?". O raciocínio parece impecável, mas como a solução pode vir de alguém tão pobre, "analfabeto", de alguém que, obviamente, nunca foi a uma escola?

Assim, o pequeno Thomas leva Simón Rodríguez a pensar a escola como nunca tinha feito antes. Não se trata de questionar apenas o funcionamento da escola, sua organização, mas acima de tudo, seu papel social, político, seu sentido. Não se pode continuar aceitando uma escola que fecha suas portas a crianças como o pequeno Thomas.

Simón Rodríguez não consegue parar de pensar. Realiza novas reflexões acerca dessa história que o acompanhará pelo resto da vida: a experiência com Thomas lhe mostra, ao mesmo tempo, o enorme poder da criatividade, do pensamento, da invenção. Além disso, Thomas inventa algo que funciona, que se pode ver realizado no mundo. Permite também pensar que devemos ouvir aqueles que falam outra língua, aqueles que pensam de outra forma, os estranhos, desabituados aos usos estabelecidos. Thomas é um irreverente. Ele não faz o que se supõe que deve fazer uma criança de sua condição: olhar o que os outros fazem, obedecer, calado, ao que os outros lhe mandam fazer. Toma a palavra, não sem dificuldades, é verdade, mas ele o faz e expressa seu pensamento. Pensa, cria, revoluciona o mundo ao seu redor. É um pequeno e irrelevante episódio, mas que talvez contenha um caminho para a transformação das sociedades e das pessoas que as habitam. Disso se trata, acredita Simón Rodríguez, criar as condições para que pequenos como Thomas possam criar e recriar suas vidas e as de todos, e não como na sociedade colonial em que devem se submeter a um modo de vida que não é deles. É preciso que todas as crianças – e não somente o Thomas – possam se tornar o que são. É preciso que a sociedade americana se torne o que é.

As perguntas continuam sem parar: como é possível alcançar esse estado? Onde e como acompanhar esse movimento que permitiu que Rodríguez aprendesse de uma criança, estranha, negra, estrangeira? Rodríguez volta seu olhar para a escola da qual ele e as crianças vieram e na qual Thomas certamente nunca havia ingressado. Duas coisas lhe parecem mais marcantes e latejam em sua cabeça sem parar: como é possível que a escola não ensine a pensar como Thomas pensou? Como é possível que crianças como Thomas não estejam dentro da escola?

Algumas perguntas não são de fácil resposta. De qualquer forma, Simón Rodríguez vive uma experiência filosófica e pedagógica, de transformação. Ele já não pode mais pensar do modo como pensava, já não pode mais ir para a escola como ia antes. O que o preocupa não é mais o mesmo. Mudam algumas das suas perguntas habituais. Surgem novas questões. Uma preocupação se instala nele, em seu corpo, na sua maneira de ver o mundo. Será necessário continuar explorando, seguir viajando, conhecer outras realidades e dar uma forma mais bem elaborada às ideias que acabam de nascer. Mas surge também uma convicção: não há perspectiva para esta terra se pequenos como Thomas continuam fora das escolas ou se, mesmo com Thomas dentro, as escolas continuam a ensinar o que ensinam e do modo como o fazem. Thomas permite um movimento incomum e extraordinário na vida de Simón Rodríguez. A partir desse dia, nada será como antes: alguns dos princípios que o acompanharão pelo resto de sua vida já tomaram corpo, saíram de um corpo e entraram em outro e, nele, seguirão viajando para sensibilizar outros corpos e, através deles, fazer o corpo da América.

    Rodríguez sente que aprende coisas importantes nesse dia. Não foi na escola. Tampouco foi de pessoas conhecidas, instruídas e importantes. Não são os professores que estão a ensinar neste momento. Continua pensando nesses aspectos do que experimentou, nos princípios que estão nascendo. É preciso seguir andando. É preciso continuar indo à escola. Mas depois dessa pequena experiência com o pequeno Thomas, Simón Rodríguez já não poderá pensar como pensava anteriormente. Já não poderá mais ir para a escola da forma tranquila e acolhedora como ia antes. Já não poderá mais viver a vida que vivia. Terá de viver, a partir do encontro com o pequeno Thomas, uma nova vida.

Créame Vd., mi querido amigo, su hermano de Vd. Es el mejor hombre del mundo; pero como es un filósofo cosmopolita, no tiene ni patria, ni hogares, ni familia, ni nada.

Simón Bolívar, carta a Cayetano Carreño, 27 de junho de 1825 (*Cartas,* 2001, p. 129)

CAPÍTULO 1

Viajar e formar-se: errância

Na verdade, as coisas já não poderiam mais ser da mesma maneira para Simón Rodríguez após ter-se encontrado com Thomas. No dia seguinte, a escola já não parece a mesma. Tampouco as crianças que a habitam. Rodríguez sente durante todo o dia uma espécie de perturbação, no pensar, no sentir, no corpo. Algumas presenças parecem ausências. Algumas ausências ocupam tudo. Mas as condições não estão maduras para uma ação imediata: o contexto presente não parece o mais adequado, e seu próprio pensamento precisa aprofundar e consolidar as inquietações surgidas. É hora, então, de seguir viagem, primeiro para a América do Norte e, em seguida, para a Europa, aguardando um momento mais oportuno e se preparar para esse momento.

Os inícios do viajante

A seguir apresentarei um percurso por esta vida surpreendida pela história de Thomas. Darei algumas indicações do que é, desde seu início, uma vida de educador. Falar da vida de Simón Rodríguez pede um verbo em potencial. É o modo que melhor lhe cabe, dadas a indeterminação e a falta de certeza sobre muitos momentos de sua existência. É o tempo em que se deveria ler a narrativa que segue, mesmo quando ceda à tentação do indicativo.

Simón Rodríguez é uma criança enjeitada. Quem sabe, o pequeno Thomas também. É algo bastante comum naquela época. Isso significa que seus pais o abandonam ao nascer, no final de outubro de 1769 ou de 1771, não está totalmente claro.[6] Significa, também, que desde o início de sua vida teria sido exposto a caminhar, viajar para procurar e ganhar um lugar.[7] Seus pais são Cayetano Carreño e Rosalia Rodríguez. Ele tem um irmão, Cayetano Carreño, também abandonado. Ambos são criados por um tio, o padre Rodríguez, sacerdote respeitado, culto, de ampla biblioteca. Aparentemente, os irmãos são muito diferentes, não só pelo sobrenome, um tirado do pai, outro da mãe, mas também por sua maneira de estar no mundo. Seu irmão é um organista profissional

---

[6] A tese de 1769 parece mais bem documentada. É defendida, entre outros, por Rafael Castellanos, 2007, p. Julho. Ver nota 1, que se refere à ata de batismo de Rodríguez, encontrada por Manuel Márquez, com a assessoria de Perez Vila em 1979, na paróquia da Candelária. De acordo com esse relato, Rodríguez teria nascido em 28 de outubro de 1769. Castellanos cita F. Morales, "Cronologia de Simón Rodríguez" (1990, p. 311). No entanto, a maioria dos biógrafos defende o ano de 1771 como o do nascimento de Rodríguez. Também o faz León Rozitchner em sua magnífica leitura do caraquenho. Para Rozitchner (2012, p. 25-26 e 72), esse fato permite a Rodríguez experimentar o sentimento do outro como próprio, dando dessa maneira sentido a uma vida afirmada na compaixão e dedicada à educação das crianças pobres, os despossuídos de origem, os que vivem desde o início a carência, a pobreza e a submissão.

[7] Os biógrafos atribuem diferente importância a esse fato. Mercedes M. Alvarez (1977, p. 17) não vê nada de especial nisso, na medida em que, segundo ela, a lei absorvia os rejeitados aos filhos legítimos. A. Uslar Pietri vê aí um efeito de universalidade que faz dele um filho de ninguém e de todos, que lhe permitia ser chamado de qualquer modo e ser filho de qualquer mãe de classe alta da cidade. Carlos H. Jorge (2000, p. 63 ss) faz desse fato um elemento fundamental para compreender toda a obra de Rodríguez.

e nunca sai de Caracas. Simón Rodríguez, por outro lado, tem muito mais do que uma profissão, e aos vinte e poucos anos sai de Caracas para nunca mais voltar.[8]

Desde os primeiros anos, a vida não seria de tranquilidade para Simón Rodríguez. Vai para uma das três escolas da cidade, mas, por ser enjeitado, sua inserção no ensino superior não é fácil. De qualquer forma, com o seu tio sacerdote recebe uma boa educação, incluindo a aprendizagem de línguas e, acima de tudo, um contato direto com uma rica biblioteca. Por recomendação do renomado educador William Pelgrón, o Cabildo de Caracas lhe concede o título de professor, quando é ainda muito jovem, em 1791. É provável que, nessa época, já tenha vários anos de experiência pedagógica como assistente de Pelgrón. Em seguida, assume o comando da Escola de Primeiras Letras, um grupo de 114 crianças, 74 pagantes e 40 não pagantes, sendo nove deles enjeitados. No mesmo ano, com vinte e poucos anos de idade, Rodríguez casa com Maria de los Santos Ronco, com quem conviveria por quatro anos antes de sair de Caracas para já não encontrá-la mais. Em sua casa, também vive seu irmão, com sua família e outras crianças das quais é responsável pela educação.

Em 1795, torna-se mestre do órfão Simón Bolívar, com quem estabelece uma relação duradoura e profunda. As vidas de Rodríguez e Bolívar se cruzam de diversas maneiras. Afetam-se de um modo singular, inquestionável, profundo. Nenhum seria o que é se o outro não tivesse entrado em sua vida. De certo modo, não podem viver um sem o outro, apesar de os anos de convivência terem sido relativamente poucos, cerca de quatro no total: alguns meses no início,

---

[8] Detalhes mais precisos podem ser encontrados, dentre outros, no estudo introdutório de A. Rumazo González às *Obras completas* de Simón Rodríguez, "El pensamiento educador de Simón Rodríguez", I, p. 21-132.

cerca de três anos na Europa e mais alguns meses ao se reencontrarem na América. São dois viajantes inveterados. As viagens os separam e os unem. Ambos concebem a vida como uma viagem. Nessa viagem, a presença vital do outro é percebida como necessária, urgente, essencial. Assim, fala-se de Rodríguez como o mestre de Bolívar, mais do que se fala de Bolívar como o discípulo de Rodríguez, embora as duas ligações tenham força semelhante. No entanto, as duas vidas também podem se dissociar; ambas possuem uma densidade existencial que não se reduz à presença do outro, que, sem negar essa presença, a extrapola, a excede. Assim como existe um Bolívar para além de Rodríguez, também há um Rodríguez para além de Bolívar, tanto que, quando insistem em pontuar que foi o mestre do Libertador, minimiza a sua importância. Ele foi, entre outras coisas.

Vale a pena destacar algumas circunstâncias do primeiro encontro. O motivo é um conflito jurídico entre o tio e tutor de Bolívar, Carlos Palacio, e sua irmã, María Antonia Bolívar, pela posse do menor que tem apenas 12 anos. Sua irmã prefere que seja educado no Seminário, mas seu tio defende que seja na casa de Simón Rodríguez, onde havia outras crianças na mesma condição, a qual o tribunal acede não sem protesto do próprio Bolívar, que inclusive foge em uma oportunidade até que o bispo o leva de volta para a casa de Rodríguez, com a promessa de que não o repreendesse por sua fuga.

Um ano antes, em 1794, Rodríguez envia um documento público à Prefeitura de Caracas criticando a Escola de Primeiras Letras e propondo sua Reforma.[9] É um documento dividido em duas partes, a primeira com seis objeções e a segunda com três capítulos destinados a propor uma nova estrutura para os

---

[9] O texto, intitulado "Reflexiones sobre los defectos que vician la Escuela de Primeras Letras en Caracas y medios de lograr su reforma por un nuevo establecimiento" foi publicado em I, p. 195-222; I, p. 208.

estabelecimentos sugeridos. O modelo parece ser o das Escolas de Primeiras Letras de Madri, a única instituição mencionada de forma elogiosa no documento (I, p. 208).[10] Suas objeções são agrupadas em seis tópicos, mas contêm de fato uma crítica técnica do modo como funciona a escola na sociedade caraquenha: a escola não tem a estima que merece, qualquer coisa serve de escola: até um salão de cabeleireiro ou uma barbearia; isso porque não se conhece nem se dá valor à sua utilidade; não é permitido entrar àqueles que mais precisam, sendo que todos – brancos, pardos e negros – têm o mesmo direito à educação; o ensino é parcial, frágil e incompleto; não se reconhece o difícil e o específico das primeiras lições e a formação subsequente necessária para ajudar a aprender a ler e a escrever, a ortografia, o castelhano e o latim, a aritmética, a formação cívica e religiosa; não se percebe que o tempo da infância é também de brincadeira, de diversão e de tempo livre; as instalações são precárias, as condições de trabalho do professor, paupérrimas, a sua remuneração, lamentável.

A proposta de Rodríguez inclui a criação de novas escolas com professores e estagiários nomeados para cada uma e contém uma instrução detalhada sobre o seu modo de funcionamento nos mínimos detalhes; sobre como deveriam ser equipadas e o papel de cada uma delas; como se selecionariam os professores e os estudantes, seus salários e motivos de demissão; as regras para a gestão e a administração escolar; o mobiliário necessário para o seu adequado funcionamento; informações sobre como deve ser empregado o tempo na escola; um código interno de conduta. Em suma, trata-se de um sofisticado e pormenorizado instrumento legal

---

[10] Para uma análise mais abrangente da inspiração teórica e pedagógica de S. Rodríguez, assim como de uma abordagem histórica e institucional da Escola Pública de Caracas e de outros documentos anteriores a esse, ver J. Lasheras (2004, p. 78 e ss.).

e regimental para ordenar não só essa escola, mas todas as outras que compõem o sistema escolar de Caracas.

Embora se perceba certo tom crítico e enérgico, que marcará toda a vida de Rodríguez, e mesmo quando continua partilhando alguns temas – como a importância do brincar na escola; a necessidade de aprender vários idiomas e de os professores serem bem remunerados –, esse primeiro documento está ainda muito longe daqueles mais característicos do Dom Simón mais tardio. Thomas ainda não entrou na sua vida. Aqui, o jovem Rodríguez faz uma escola bastante acomodada à Caracas colonial de sua época. O tom é de uma prescrição acentuada nas questões técnicas. Percebe-se uma retórica normativa, confiante de si. O estilo é quase solene, bem diferente do que caracterizará sua prosa nos escritos publicados após retornar à América. Com mais de 20 anos, escreve propriamente como um legislador-administrador, alguém que sabe e projeta o melhor modo de organização, funcionamento e administração da instituição escolar de Caracas, mesmo sem questionar a fundo o papel social que esta desempenha. Percebe-se que ele leu grande parte da literatura disponível sobre o assunto em língua espanhola, provavelmente influenciado pelo chamado Movimiento de San Ildefonso.[11] No entanto, está longe desse conhecimento do povo que ele mesmo afirma ser necessário para um diretor de escolas e que só poderá vir com as viagens e as aprendizagens da vida.

A escola que defende Rodríguez nesse documento continua sendo elitista e conservadora, ainda que mais organizada e tecnicamente mais eficaz do que a existente. Na verdade, o documento é precedido por um projeto parcial, encomendado e aprovado pelo Cabildo de Caracas, que também aprova a versão final do Plano de Escolas. Neste Plano, não há um

---

[11] Para ampliar esse ponto, ver a argumentação de Lasheras (2004, p. 78 e ss).

compromisso forte com o povo, com os nativos, os despojados de suas terras, sua língua e sua cultura. É verdade que se postula a igualdade de direitos de todos ao acesso às escolas, mas não há no documento o menor movimento para que esse direito se torne efetivo. Chama a atenção, inclusive, que na seção "Modo de incorporar os discípulos nas escolas", no parágrafo 27, Rodríguez afirme que "somente as crianças brancas poderiam ser admitidas..." (I, p. 213). E enquanto em uma nota, no final do documento, afirma que se se estabelecessem escolas para crianças pardas e escuras elas deveriam ser governadas pelo mesmo diretor e pelos mesmos preceitos (I, p. 222), o modo potencial não é acompanhado de uma proposta específica de criação de escolas para pardos, que, nas instituições existentes e no documento, estão restritas às crianças brancas.

De qualquer forma, a proposta apresentada pelo Síndico Procurador à Real Audiência é rejeitada pelo fiscal encarregado de analisá-la pelas seguintes razões: a) não se sabe o orçamento da prefeitura; b) não se necessita de tantas escolas para brancos; c) é inaceitável que não se abram escolas para pardos (cf. LASHERAS, 2004, p. 96). O fiscal propõe algo que o próprio Rodríguez veria, mais tarde, com menos problemas que os que lhe iriam despertar sua presente proposta: abrir uma escola para brancos (eram três, perfazendo um total de quatro) e duas para pardos. A disputa entre a Real Audiência e a prefeitura gira em torno do acesso dos pardos às escolas. A primeira o impulsiona, por considerá-los "os braços da República", a segunda – aliada ao Claustro Universitário e ao Bispado – o nega. Deste lado, o menos popular, fica o jovem Rodríguez nesse entrave. Como consequência da impossibilidade de colocar seu projeto em prática, Rodríguez renuncia primeiro ao cargo e, pouco tempo depois, aparentemente em finais de 1797, deixa sua esposa e sua cidade, iniciando uma série de viagens que nunca mais o trarão a Caracas.

Sua partida não está, necessariamente, em uma relação direta com esse revés político-institucional, nem com um movimento revolucionário com o qual costuma ser identificado, a Conspiração de La Guaíra, de 1797, a partir de uma alusão do próprio Rodríguez.[12] No entanto, seu depoimento não parece de todo verossímil por que: a) em nenhum dos registros de arquivos se faz referência a Rodríguez; b) a referência à sua participação aparece apenas de modo vago e impreciso; c) as primeiras execuções ocorrem em 1799, dois anos após a saída do educador; d) Rodríguez não teve qualquer participação política até regressar à América. A hipótese mais provável é que, após ter se demitido como professor na escola e perdido a formação de Simón Bolívar, tenha ficado sem rendas e sentido necessidade de seguir sua vida em outro contexto mais favorável para a sua premência em seguir lendo e aprendendo. O mais provável é que Rodríguez tenha tomado conhecimento dos fatos de modo indireto e já fora da Venezuela. O fato é que, por volta de 1797, Rodríguez deixa o país, abandonando sua esposa e os seus discípulos, começando uma viagem que só se deterá com sua morte; e nem mesmo com ela, porque seus restos mortais seriam também transferidas de Lima, Peru, para sua cidade natal, Caracas.[13]

De viagem pelo mundo

Kingston parece ter sido a primeira parada na viagem que leva Simón Rodríguez para longe da Venezuela e da América. É também um momento decisivo, crucial. A mudança de direção é radical. Começa, com a história de Thomas,

---

[12] Para o que segue, me apoio em uma investigação detalhada de Maximiliano Durán, atualmente em curso, transmitida via e-mail.

[13] Ver: "Traslado de los restos de Simón Rodríguez, de Lima a Caracas", 1955.

um novo pensamento, uma nova vida. Tanto que se faz necessário mudar o nome, de Simón (Narciso) Rodríguez para Samuel Robinson. Só iniciais são mantidas, no início do primeiro nome e no sobrenome. Para alguns intérpretes, a razão aparentemente mais forte para essa mudança indicaria que foi para proteger-se de seus eventuais perseguidores. Mas há outras razões mais afirmativas.

A história de Thomas mostra a Simón Rodríguez que é necessário olhar para o mundo e seus habitantes a partir de outro lugar. Nesse sentido, mudar o nome é uma escolha ousada, aventureira, indicadora da necessidade de encontrar uma nova identidade, um estar no mundo diferente, um pensar de outra maneira, um praticar outras formas de vida social, uma nova escola de vida. É uma forma de compromisso com a aprendizagem a partir de um aprendizado fundamental, experimental, marcante, vindo de alguém que quase não tem nenhuma expressão em sua própria vida e, a partir de agora, passa a conformar um de seus principais sentidos. É também a marca de uma disposição, um não saber-se definitivo nem acabado, ainda que se tenha princípios firmes e convicções profundas. É uma forma de jogo vital, de marcar uma possibilidade para a escola e para a vida, a partir de uma escuta atenta ao outro, ao silenciado, ao despossuído, ao estrangeiro, ao ignorado.

O novo nome acompanha Simón Rodríguez durante vinte e tantos anos. Sai da Jamaica e viaja pelos Estados Unidos e depois pela Europa, até voltar novamente para a América, quando ainda viajará por Colômbia, Equador, Peru, Bolívia e Chile, desta vez novamente com o seu primeiro nome. Já sabe várias línguas e, quando não, aprende a língua nativa do país que visita, o que lhe permite compreender inglês, alemão, italiano, português, polonês, russo e francês. O que faz em suas viagens? Pouco se sabe sobre suas atividades específicas, só é possível conjecturar que lê muito em cada lugar, que procura aprender o mais distintivo de cada cultura e que busca amadurecer seu pensamento sobre a escola e seu papel social. Trabalha quando necessita, de um modo geral, ensinando, e isso não poucas vezes, pois, ao contrário de Bolívar, não dispõe de grandes riquezas ou uma família que o sustente. Na maioria das vezes, consegue reunir o interessante ao necessário e ganha a vida em uma escola. Isto é o que procura Rodríguez após seu encontro com Thomas: algo que ele mesmo disse quando se referiu às qualidades do diretor do Projeto de Educação Popular instaurado por Bolívar, isto é, a si mesmo: "Conhecimento prático do povo, e para isso ter viajado por longo tempo, por países onde há que aprender, e com a intenção de aprender" (II, p. 359). Poucos, se alguns, na América, viajaram como ele. Ninguém com seu propósito: para aprender o que há para aprender em cada lugar, o mais próprio de cada lugar: sua língua, sua cultura, suas tradições, sua filosofia, sua organização social e política.

A vida segue seu curso. Nos Estados Unidos trabalha como tipógrafo em Baltimore. Na França, abre uma escola em Bayonne, perto da fronteira com a Espanha, para ensinar espanhol, francês e inglês. Deixa essa escola para abrir outra de espanhol em Paris, com o frade mexicano Fray Servando Teresa de Mier. Assim por diante, em vários países europeus (Itália, Alemanha, Prússia, Polônia e Rússia), aprende, lê e ensina. Ao contrário, não há muitos registros de escrita, além de uma tradução, em Paris, em 1801, do *Atala* de Chateaubriand e os primeiros rascunhos de "Instrução pública", que publicaria anos mais tarde, na América. Estuda. Acima de tudo, estuda, nos livros e na vida. Quer aprender também desse velho mundo estrangeiro. Lá, os mais altos ensinamentos estão nos livros. No fim das contas, são as letras, as obras, e não os modos de vida, o que o velho mundo tem oferecido de melhor. São tempos de estudar, de "ir à escola" dos livros e da vida, para aprender e inspirar-se nessas letras, de preparar-se para a nova vida, para viver preparado, para uma vida em constante preparação, para uma vida que se sabe e se dispõe preparada para a própria vida.

Muitas de suas aprendizagens têm a ver com o mundo físico, tanto que sempre viaja acompanhado de livros e instrumentos. Estuda não apenas matemática, física e química, mas também geologia, geografia, hidráulica, engenharia, botânica, agricultura, carpintaria. Sua formação é experimental, como depois ele mesmo quer que seja a educação popular. Também por isso, ao voltar para a América, funda não apenas escolas, mas também serralherias e fábricas de sabão e de velas e desenvolve uma série de atividades práticas relacionadas com o mundo do trabalho industrial, após ser nomeado por Bolívar não só "Diretor e Inspetor geral de Instrução Pública e Beneficência", mas também "Diretor de ciências físicas, matemáticas e artes e também de mineração, agricultura e caminhos públicos da República" (LASHERAS, 2004, p. 256). Rodríguez é, na consideração de seu discípulo, um verdadeiro homem sábio: sabe (quase) tudo de (quase) tudo.

Em Paris, ele se reencontra justamente com Bolívar, com quem compartilha por uns três anos algumas viagens. Juntos, eles fazem uma parte do percurso a pé e outra em diligência até chegar à Itália, onde, em Milão, assistem à coroação de Napoleão como rei da Itália. Consideram-no um ato vergonhoso: um general republicano ajoelhando-se diante das imagens reais. Em Roma, no cume do Monte Sacro, Bolívar jura ante S. Rodríguez que não vai descansar até liberar a pátria do poder espanhol, perante um povo, o italiano, que mostrou muitas virtudes, mas nenhuma que tenha a ver com a emancipação do espírito, isto é, uma vida bela, livre e justa para os seres humanos. Para isso Rodríguez formou Bolívar.

Também para isso, o discípulo quer continuar a ter o mestre ao seu lado. A nova América será a terra dessa emancipação. Depois de jurar libertar a pátria, passam por Nápoles e de lá voltam à Paris, onde Rodríguez permanece quando Bolívar decide regressar à América. Aparentemente, não se sente ainda convencido a voltar. Prefere esperar a ver o andar da revolução militar e política para assumir a revolução social. Continua viajando. Na Rússia, dirige uma escola de primeiras letras. Nenhum dos seus projetos é de longa duração, o que não deve ser visto como um fracasso.[14] Rodríguez é um iniciador, um inspirador, um apostador. O que interessa está no que acontece, no que se provoca, não em um produto final.

De viagem pela Inglaterra, em Londres, ele encontra Andrés Bello, a quem voltará a ver muitos anos mais tarde, em Santiago de Chile. Novamente abre uma escola. Cria seus próprios métodos de ensino. Sempre assim: viaja, aprende, ensina. Faz escola, literalmente, e também vai consolidando uma ideia de escola, do que significa fazer escola. Thomas está sempre presente, em vigília e nos sonhos. A memória dessa experiência não se apaga e o mantém continuamente em movimento. Não para nunca mais de viajar. As viagens formam parte de sua escola. Também isso aprendeu com Thomas, a não ficar parado, a aparecer onde não é esperado e a retirar-se quando não há mais nada a fazer. Não quer ir a nenhum lugar particular. A sua pátria não é a Venezuela, nem mesmo a América, muito menos os Estados Unidos ou a Europa. Talvez o mundo.

Sim, vale a pena ressaltar o "talvez". "Talvez o mundo." Se é que não há vida em outros mundos. Melhor dito, seu

---

[14] De maneira elegante, o subtítulo do seminário de León Rozitchner sobre Simón Rodríguez mostra a força de sua aparente falta de sucesso: "Simón Rodríguez: el triunfo de un fracaso ejemplar".

lugar está no mundo da vida, aí onde se encontra alguma forma de vida. Em 1823, ele decide voltar para a América. Não o faz por ser americano, mas para realizar o projeto libertário que compartilhou com Bolívar. E porque considera as terras americanas propícias "para a conferência e para os ensaios".[15] Rodríguez é um cosmopolita, um "membro da Sociedade Humana"[16], alguém para quem "minha pátria é o mundo, e todos os homens meus companheiros de infortúnio. Não sou vaca para ter querência, nem nativo para ter infortúnio".[17] À sua maneira, Rodríguez desfaz o localismo sem negá-lo, o recoloca como parte de algo maior. Singularidade da América e de Simón Rodríguez.

O retorno à América

Quando ele retorna à América, chega a Cartagena, na Colômbia. Como dissemos, volta a chamar-se por seu antigo nome. O primeiro. Essa nova mudança indica, talvez, um reencontro com a terra própria, conhecida. Possivelmente também significa o início de uma nova fase de experimentação, de testes, de implementação de ideias largamente pensadas. Agora, sim, as condições parecem estar dadas para pôr em prática todas as consequências daquele encontro impactante com o pequeno Thomas. É preciso confirmar a independência no corpo e na alma de cada um dos habitantes desta terra. Na vida individual e compartilhada. Para isso, há que se fazer uma escola com todos, para todos, de todos.

É o momento de uma nova escola. Por isso, tenta encontrar Bolívar para que se ajudem mutuamente a realizar o

---

[15] Carta a Bolívar, 7 de janeiro de 1825. In: *Cartas,* p. 141.
[16] Carta a Roberto Ascázubi. In: *Cartas,* p. 187.
[17] Carta a José Ignacio Paris, 30 de janeiro de 1847. In: *Cartas,* p. 201.

juramento comum feito em Roma. Não é fácil. Bolívar está no Peru, e há muitos quilômetros e homens entre os dois. Mas Rodríguez não pode permanecer parado. Enquanto espera para a reunião, ele se instala em Bogotá. Ali abre uma escola onde antes havia um hospício. Simón Rodríguez faz sua primeira escola americana, seu primeiro ensaio de escola.

Se não temos dados muito precisos sobre suas escolas na Europa, a situação é diferente sobre essa escola que abre depois de retornar à América, chamada "Casa de Indústria Pública", a primeira de suas duas grandes tentativas de traduzir suas ideias em uma instituição escolar. Obtém a concessão do prédio público em que funcionava o hospício e trabalha ele mesmo em sua reposição e adaptação. É uma escola para o povo, os pobres, os brutos, os hilotas ou ilegítimos. Como o próprio nome sugere, é uma escola de ofícios, de produção e formação para a vida e para o trabalho, aberta aos bogotanos excluídos.

Essa é a escola mais importante que Rodríguez começa a fazer quando retorna, uma escola que não se confunde com o prédio, com suas salas de aula, com os seus móveis, com os seus métodos ou suas atividades. Rodríguez faz a escola da irreverência, faz escola onde se desescolariza, com quem se abandona e se considera impotente e incapaz de entrar na escola. Conduz à sua escola todas as classes de Thomas que andam vagando por Bogotá. Essa é uma observação importante acerca da escola de Rodríguez: abre-se a escola aos que supostamente não têm condições de entrar nela ou não estão preparados para ela. A escola de Rodríguez é uma escola sem condições, sem requisitos, sem credenciais para mostrar na porta de entrada. É uma escola aberta para aqueles que nunca entraram na escola, a seus estranhos estrangeiros, aos chocantes forasteiros da cidade.

Mas as condições não estão dadas, e Rodríguez encontra problemas com seus interlocutores locais. Ele se sente incompreendido, tratado como um louco.[18] Ele sabe desde o início que não é fácil, sua escola gera reações hostis. Para os seus adversários, o lugar dos Thomas não é na escola, é um desperdício gastar dinheiro público em sua educação. Rodríguez combate essas opiniões. Nunca desiste de tentar. Não pode ficar em uma posição passiva, inativa, enquanto espera para encontrar-se com Bolívar. Prefere arriscar, ousar. Ele se joga e se compromete, mesmo quando não estão dadas as condições para isso. Fará seu *mea culpa*, mas nunca deixará de fazer algo, mesmo imperfeito, por esperar que estejam dadas as condições ideais para o seu trabalho.

Existe aí também um legado. Também assim Simón Rodríguez faz escola. Alguns podem dizer que ele fracassou nesta e em outras tentativas. Nós não cremos nisso. Por trás de uma proposta derrubada há um número significativo de novas vidas encontradas. E há uma ideia de escola que faz escola, que abre, fortalece pensamentos e vidas e, que, reforçada, passa por cima dos escombros da escola derrubada.

Quando sente que não há mais condições de tentar, deixa o projeto para ir ao Peru em busca de Bolívar, já nomeado por este como comissário de uma divisão do exército que ia reunir-se com ele. A viagem não é fácil. Não é simples viajar na América nessa época. Depois de sair de Cartagena, uma tempestade o prende em Guayaquil, onde se reorganizam para retomar a viagem depois de dois meses. É um total de seis meses a partir do início da viagem, quando Rodríguez chega a uma casa de campo, "La Magdalena", perto de Lima, onde Bolívar sedia seu quartel-general. Ali, Bolívar faz Simón Rodríguez jurar que nunca mais voltariam a se separar até a morte.[19] Após essa reunião mutuamente tão esperada, dedicam-se

---

[18] Carta a Bolívar, 7 de janeiro de 1825. In: *Cartas,* p. 141.

[19] Carta a José Ignacio París, 6 de janeiro de 1846. In: *Cartas*, p. 193.

a planejar juntos o projeto de Educação Popular, viajam juntos para o Alto Peru, em primeira instância, para Arequipa e Cuzco, onde começam a implementar a dimensão educativa da Revolução. Abrem uma escola para meninas de "qualquer classe". Em La Paz inauguram uma biblioteca. Em Chuquisaca, então capital da Bolívia, Rodríguez apresenta o Plano Educativo para o país e é nomeado Diretor de Ensino Público e de vários outros assuntos, como já foi mencionado.

No entanto, Rodríguez e Bolívar novamente se separam algum tempo após essas ações conjuntas na Bolívia e já não voltam a se comunicar antes que o Libertador morra, cinco anos mais tarde. Bolívar tenta fazê-lo, mas o arcebispo de Lima, Luna Pizarro, intercepta as cartas, que não chegam ao destinatário.[20] Embora haja razões pontuais que explicam a separação, é difícil não suspeitar de alguma incompatibilidade entre duas figuras tão fortes que justifique o que mais tarde Rodríguez vai perceber com enorme arrependimento. Dois gigantes, duas vidas. Razões de caráter? Estilos diferentes? Talvez duas maneiras diferentes de fazer escola? Em todo caso, Bolívar regressa a Lima e, sem ele, Rodríguez não pode implementar suas ideias: em pouco tempo, escreve a Bolívar dizendo que deve abandonar o projeto.

Rodríguez não se entende com o marechal Sucre nem com outros com quem deve trabalhar. Na verdade, enfrentam-se por defender interesses opostos. Depois de seis meses, Sucre, sob a influência do clero, fecha a escola modelo criada por Rodríguez em Chuquisaca, aproveitando uma viagem deste a Cochabamba para criar novas escolas. Rodríguez se sente incompreendido, desonrado, traído. Sucre o acusa de abrigar "meninos, mulheres perdidas e preguiçosos" (GUEVARA, 1977, p. 246), opondo-se, assim, aos princípios e ao senso

---

[20] Carta a José Ignacio París, 6 de janeiro de 1846. In: *Cartas*, p. 195.

de educação popular: educar os pobres e marginalizados de ambos os sexos para o trabalho e para a vida, formar os cidadãos que a república necessita com as pessoas da própria terra, desprovidas do que lhes pertence. Novamente Thomas aparece em cena. O que está em jogo são dois modos de fazer escola. Para Rodríguez, fazer escola é restituir o que é próprio aos despossuídos: a terra, a cultura, a linguagem, o pensamento, a vida. Os defensores do *status quo* reagem violentamente: invertem suas restituições, "re-restituem". Voltam a expulsar os Thomas da escola. Restituem à classe oligárquica o que Rodríguez havia investido na educação do povo, ensinam a ler e a gritar a bíblia e organizam as instituições para perpetuar o *status quo*, como na Europa. Deixam desabrigadas mais de duas mil crianças matriculadas e cerca de mil recolhidas.[21] Fundam Casas de Misericórdia, Galerias, Institutos de Caligrafia para moças. Voltam tudo para trás. Retrocedem os tempos do povo. Congelam o movimento da terra. Clausuram a escola para os desabrigados e a restringem aos mesmos privilegiados de antes.

Rodríguez tem seu pensamento deturpado e é declarado como louco. Difamado. Ele é desqualificado como um estrangeiro, como um Thomas. Isso faz Sucre, em uma carta a Bolívar, usar expressões tais como "tem a cabeça de um francês atordoado" e "suas francesadas chegam até..." (GUEVARA, 1977, p. 245). Um francês, um estrangeiro. Sucre afirma que "para descrever a vocês todas as loucuras deste cavalheiro teria que me estender longo" (p. 246). Há que se algemar Rodríguez – estranho, louco, estrangeiro – não pode falar a língua de outra escola, deve falar a língua da escola feita por e para os que, ainda, mandam nesta terra. O discurso de Sucre é o discurso do poder, da escola do

---

[21] Carta a José Ignacio Paris, 6 de janeiro de 1846. In: *Cartas*, p. 194.

poder, a mesma que exclui, desqualifica e ignora os povos originários que falam outra língua. É a língua da hostilidade.

Como acontece toda vez que se sente incompreendido, Rodríguez não polemiza e se retira em silêncio. Quase como Thomas, sai correndo. Apenas expõe suas razões e sua escola por escrito a seu discípulo e principal e quase exclusivo sustento. Nem sequer questiona Sucre nessas cartas, considerando-o influenciado por outros personagens menos valiosos para a causa republicana. Deseja fortemente voltar para junto de Bolívar, não só por si mesmo, mas porque sente que precisam um do outro, que não poderia fazer cabalmente escola sem estar junto a ele. Vai ao seu encontro, mas Bolívar já partiu para a Colômbia e nunca mais voltarão a se encontrar. Longe de Bolívar, suas condições econômicas pioram gradualmente, pois nunca tira lucros financeiros de seus projetos. Rouba para os outros, para aqueles que foram roubados desde os tempos antigos, mas nunca para si mesmo, só vive de seu trabalho. Ainda que trabalhe e escreva incansavelmente, seus projetos ficam sempre com todo o dinheiro. Sua lealdade pública a Bolívar encontra o ponto mais alto em uma *Defesa* escrita com o corpo, as entranhas, o coração. Aposta sua vida nessa escrita. A apologia atinge muitas dimensões: ética, política, filosófica.

Simón Rodríguez fracassou em sua tentativa de educação popular na Bolívia? Em certo sentido, sim, como ele mesmo admite. Em outro sentido, não se pode medir o êxito ou fracasso de uma ideia por seu sucesso institucional. Devem ser considerados pelo menos dois aspectos. Em primeiro lugar, o impacto que essa experiência escolar teve para os milhares de vidas de cholos, índios, negros e mulatos que, pela primeira vez, puderam entrar na escola na América. Em segundo lugar, a contribuição dessa tentativa para uma ideia do que significa fazer escola na América. Nesses dois aspectos, não parece sensato falar em fracasso.

Em sua vida, Rodríguez segue fazendo escola. Sua abertura para os Thomas, os nativos desta terra, se mostra ao se casar uma segunda vez, desta vez com uma indígena boliviana, a Teresona, com quem tem dois ou três filhos.[22] A falta de sucesso no exercício da política educacional do governo não o desanima, ao contrário. Volta por três anos a Arequipa. Publica. Escreve. Realiza trabalhos de engenharia hidráulica. Fica sabendo da morte de Bolívar. Retorna para Lima. Tem alguns alunos e escreve. Em 1834, viaja para o Chile, Concepción, onde é convidado a ser preceptor de instrução primária e diretor de disciplinas literárias do Instituto de Concepción. Consegue publicar a primeira edição (introdução) de *Luces y virtudes sociales*. No ano seguinte, um terremoto destrói a escola e a cidade. Prepara um relatório sobre os efeitos do terremoto e viaja a cidades pequenas, mais ao sul, onde intervém em alguns empreendimentos industriais que não dão grandes resultados. Em 1838 chega a Santiago, onde permanece pouco tempo antes de passar três anos em Valparaíso. Lá ele se encontra com Andrés Bello, com quem compartilha o valor social fundamental da educação na América. Mas não permanece muito tempo e não fazem planos juntos. Rodríguez decide seguir viagem.

Em Valparaíso funda uma nova escola. Publica na imprensa e reedita *Luces y virtudes sociales* em 1840. Mas seus alunos e suas receitas diminuem drasticamente, e ele busca um novo lugar, viajando pelo Pacífico até chegar novamente a Lima, onde, em 1842, tenta publicar toda a sua obra,

---

[22] Aos seus filhos deu nome de vegetais, "Milho" ao maior, "Abóbora" a outro e "Cenoura" à menor, ou talvez esses fossem apenas seus apelidos. Os nomes das crianças figuram pela primeira vez em A. J. Irisarri, *Historia del perinclíto Epaminondas del Cauca*, Tomo II, s/l, Biblioteca de Cultura Popular, Ministerio de Educación Pública, 1863, p. 222. Algumas versões de sua biografia afirmam que ambos haviam tido, também, muitos outros filhos.

começando por *Sociedades americanas en 1828*. A publicação não passa dessa primeira parte. Viaja para o Equador. Em Quito, dirige as Salinas do general Flores, venezuelano, presidente do Equador. Mas Flores fica sem fundos para as salinas, e Rodríguez sobe em mula até um povoado pequeno, Latacunga, onde lhe pedem que permaneça para ensinar na escola San Vicente. As aulas têm de ser suspensas por descumprimento no pagamento prometido pelos vizinhos, apenas dois meses após iniciadas. Não encontra facilmente outro emprego. Busca quase obsessivamente sustento para a publicação de suas obras. Com algum suporte para isso, decide voltar para Bogotá. Ao longo do caminho, abre uma escola em Túquerres, e, ao mesmo tempo, em abril e maio de 1849, um periódico bogotano publica seu *Extracto sucinto de mi obra sobre la educación republicana*. Ao chegar a Pasto, por razões políticas, decide voltar ao Equador, Latacunga, onde, em 1850, com quase 80 anos, volta a ensinar no colégio São Vicente, pela primeira vez focado na formação de professores. Mas depois de dois rápidos abandonos, decide voltar a Guayaquil e de lá, em 1853, viaja para Lambayeque, no Peru, com seu filho José e um amigo deste, Camilo Gomez. Navegando em um barco frágil, sofre um grave acidente causado por fortes correntes. Encontra-se com o povo de Amotape, onde morre em 28 de fevereiro de 1854, com 83 anos. Ao completar cem anos de sua morte, seus restos mortais são levados do "Panteón de los Próceres", em Lima, ao "Panteón Nacional" de Caracas. Seu corpo, só então, para de viajar.

Um mestre errante

"Eu não quero parecer-me às árvores, que se enraízam em um lugar, mas ao vento, à água, ao sol e a todas as coisas que marcham sem parar", diz Simón Rodríguez (AMUNÁTEGUI,

1896, p. 236). Bem se parece a essas coisas que andam sem parar, Dom Simón Rodríguez. Ao contrário, a metáfora da árvore e das raízes é muito fecunda nos discursos educacionais. São bonitas, fortes e tentadoras as árvores, claro. Algumas dão muita segurança. A ideia de afirmar as raízes na primeira infância também foi muito explorada por diferentes tradições pedagógicas.

Simón Rodríguez pertence a outra tradição, ou instaura uma. A partir da história de Thomas parece aprender que para aprender e para ensinar é importante estar atento, mas também estar atento em movimento. Nem esperar, nem ficar. Chegar e sair de surpresa. Em movimento, estar atento. Por isso, as viagens formam parte de seu modo de vida. Vive viajando, o que significa que não vive para viajar, mas viaja para viver. Neste ponto, toda repetição não é excessiva. Como Simón Rodríguez ou como Samuel Robinson, não transita nem viaja como turista ou em busca de um emprego ou fascinado por outra cultura, em prol de conhecer ou praticar outro modo de vida. Encontra sua vida nas viagens, no estar em viagem, porque estar de viagem é estar a caminho, entre dois pontos, o de partida e o de chegada, os dois igualmente insatisfatórios, quase insuportáveis, como lugares de residência para alguém tão inquieto. De viagem se sente em casa, em um lugar de passagem, de transformação, como a escola, como a vida, um lugar de aprendizagem. De viagem se sente a caminho para um novo projeto, para um novo começo, para uma nova vida. De viagem, Rodríguez encontra Thomas, que o leva até Robinson, e este se deixa encontrar outra vez por um novo Rodríguez e, por meio dele, por todos, por qualquer pessoa, por quem estiver disposto ou necessitado de sair de seu lugar.

Para um professor, a lição não é menor. Estamos acostumados à imagem do professor como alguém firme, seguro, de pé em frente da sala de aula transmitindo seus conhecimentos aos alunos. Estamos habituados à fortaleza das árvores. A imagem se estende aos alunos: quanto mais concentrados – estamos acostumados a pensar –, maior a probabilidade de um conhecimento mais sólido, de raízes mais seguras. Certamente não é assim que dá aulas S. Rodríguez e tampouco espera isso de seus estudantes. Rodríguez sabe e pensa em movimento. Faz escola viajando, de viagem. Talvez possa ver-se aí uma razão no próprio Rodríguez de seus "fracassos" nos projetos institucionais. De qualquer modo, essa é a primeira lição de sua ideia de escola: é preciso andar para ensinar. Simón Rodríguez inventa uma figura singular de educador, que poderíamos chamar de um educador errante, da errância de um educador.

Assim, a errância é uma das notas significativas do fazer escola de Dom Simón. De seu encontro com o inquieto Thomas em movimento, ele começa a andar e incorpora a sua vida em movimento um modo específico de andar que se caracteriza pelos seguintes aspectos: a) embora suponha deslocamentos no espaço e no tempo, tem mais a ver com uma intensidade do que com uma extensão no deslocamento; sua forma se encontra mais na qualidade do que na quantidade deslizada, mais em sua espessura do que em seu comprimento, mais na densidade do que na dilatação, mais no arranque e na velocidade do que no movimento em si mesmo, mais na intimidade da relação que se afirma do que em sua generalidade; b) não pode separar-se da ruptura e da revolução; errante é o que não se conforma com um estado de coisas ou alguém para quem as coisas não têm estado fixo, mas que busca interromper e tornar impossível a continuidade do que está sendo; a errância impede a fixação de um centro ou núcleo para o qual todas as coisas se remeteriam; c) não convive com uma preocupação consigo, mas com o exterior; o errante está atento e aberto inteiramente aos sinais revolucionários no que existe, ao que demanda atenção, por isso é uma forma de sensibilidade, de preocupação em relação com o que está fora e seus habitantes; d) não pode preencher-se; o errante se esvazia em sua errância. Ele não olha o mundo a partir de uma posição de saber, mas o faz, mesmo sabendo, sensível aos saberes do mundo; e) sempre afirma *uma* vida, um modo de vida por criar, para qualquer ser humano. Na errância não há fixação desta ou daquela vida, de um modelo ou forma particular de vida, é a vida aberta a uma nova vida de todo e qualquer ser humano que acompanha seu movimento; f) não há nenhuma maneira de separar pensamento e vida, escrita e vida, pensamento e corpo, escrita e corpo, corpo e vida. O errante é o que joga o corpo no encontro com outros corpos, o que, em seu pensamento, em seus escritos, joga corporalmente a vida para mudar a vida, para interromper a vida onde não é vida, para permitir o nascimento de uma vida outra, nova, inexistente até o presente.

Uma vida errante como a de Simón Rodríguez é errante não tanto porque tenha se mudado de um lugar para outro permanentemente, mas porque justamente afirma cada uma dessas figuras, por sua forma densa, intensa, persistente e permanente de romper com as formas de pensar e de viver de seu tempo, por não aceitar a tirania do estabelecido, pela sensibilidade para pensar e viver aberto inteiramente a revolucionar uma realidade educacional e social marcada pela exclusão e pela submissão, e por afirmar a errância no corpo, em seu encontro com outros corpos e outras vidas, na intensidade de uma vida de rupturas, de hospitalidade e compromisso contínuo com novos inícios de inconformidade, resistência e nascimentos carregados literalmente do peso dessa postura errante diante do estado de coisas, começando quase sempre de novo, como se cada estação, cada cidade, cada etapa de suas viagens significasse reverter tudo ao início. Como se cada escola aberta fosse a primeira escola, como se cada dia entrando em uma escola fosse a primeira entrada nessa escola. É tão intensa a vida errante de Simón Rodríguez que nada parece perdurar ante a vertigem de cada um de seus movimentos por dar vida à vida, por colocar o corpo para errantizar a vida.

Embora tenha se dedicado a muitas outras coisas, a educação marca profundamente a vida de Simón Rodríguez: dedica sua vida errante a revolucionar as instituições de ensino como forma de revolucionar os modos de vida de seu tempo. É um educador errante, não tanto por seu andar viajante e itinerante, e mais pela intensidade e pela radicalidade de sua vida de educador, por seu estado aberto aos habitantes destas terras. Luta incansavelmente por revolucionar as escolas, para que elas atendam aos que se encontram descartados pelas escolas existentes e para que nelas aprendam a pensar não só em como transformar sua condição na sociedade, mas, acima de tudo, em como transformar a própria sociedade que cria essa condição. Em suas palavras, como fazer uma República de verdade. Rompe todas as vezes que é necessário – e não são poucas – com as vantagens que significam continuidade de um estado de coisas hostil e desumano com uma parte significativa dos habitantes destas terras. Nunca faz nada por comodidade. Ensina a inconformidade, a rebeldia e a aposta à criação permanente de um novo mundo, de uma nova maneira de viver, sem precedentes, não só na América Latina, mas em qualquer lugar do mundo. Assim Dom Simón Rodríguez faz escola: errante, errando, e ao mesmo tempo inventando, como será analisado a seguir.

OBEDECER CIEGAMENTE, es el principio que gobierna.

Por eso hay tantos Esclavos – i por eso es Amo el primero que quiere serlo.

Enseñen los niños a ser PREGUNTONES!

Para que, pidiendo el POR QUÉ, de lo que se les mande hacer, se acostumbren a obedecer... a la RAZÓN! No a la AUTORIDAD, como los LIMITADOS

Ni a la COSTUMBRE, como los ESTUPIDOS.

Simón Rodríguez (II, p. 37)

CAPÍTULO 2

Ensaiar a própria escola

É extraordinário e complexo o impacto do encontro com Thomas na escrita de Simón Rodríguez. Em primeiro lugar, depois de deixar a Jamaica para ir aos Estados Unidos, Rodríguez mergulha nos tipos em uma gráfica de Baltimore. Em seguida, inicia um processo de invenção, de um estilo, um tom, uma grafia que quase não se assemelha em nada ao praticado anteriormente em suas *Reflexiones sobre los defectos que vician la Escuela de Primeras Letras en Caracas y medios de lograr su reforma por un nuevo establecimiento*, aquela crítica propositiva à escola de Caracas, escrita em 1794, pouco antes de sair de viagem. A invenção está na forma, no conteúdo, no tom, no estilo, no vocabulário, na gramática, na sintaxe. A mudança é tão radical que parece outra pessoa escrevendo.

É outra pessoa. No meio, passou por uma experiência transformadora. Passou por Thomas. A escrita de Simón Rodríguez testemunha esse encontro e essa transformação. Thomas respira em seus escritos, fala através de suas palavras, sorri por detrás de sua forma. Os longos anos na Europa são o cultivo de uma nova escrita, de um novo estilo. É a hora do rascunho, de escrever, de apagar e reescrever, de ensaiar uma escrita em sintonia com um novo pensamento e uma nova vida.

Escrever depois de Thomas

O estilo de Simón Rodríguez se consolida de forma muito singular e potente... Cada vez mais elegantes, claros e refinados, os escritos publicados em seu retorno à América mostram um vigor exemplar, singular, surpreendente. Impacta, à primeira vista, a forma: letras em diferentes tipos de tamanho, espaço e formato. Realces e destaques em todos os lugares, negritos, itálicos, colchetes, chaves, linhas simples, linhas duplas, caixas, elipses, reticências, espaços em branco. Só esse aspecto já dá sentido à leitura: vale a pena ler Simón Rodríguez, se não houvesse outras razões – que já são muitas –, por esse fato singular que impede qualquer leitura fácil, rápida, desatenta. Rodríguez não escreve como estamos acostumados em certos mundos acadêmicos, com as formas e os tipos padronizados, uniformizados, indiferenciados...

A essa escrita última, à escrita do último Rodríguez nos referimos a seguir. Rodríguez explicita a razão da forma de sua escrita em *Luces y virtudes sociales* com uma clareza impressionante, também distintiva de sua escrita: "A forma é um modo de existir" (II, p. 139). Existe-se na forma, e não fora dela; existe-se no modo como se diz o que se diz, não apenas no que é dito. Escreve-se para diferentes leitores e diferentes modos, tempos e estilos de leitura. Rodríguez enfatiza algo que parece óbvio: não se poderia escrever em um tom monocórdio, indiferenciado, invariável sobre questões diferentes para leitores diferentes... E, no entanto, assim o fazemos, de forma massiva.

Nesse viés de sua escrita se manifesta uma marca distintiva do caraquenho em seu retorno à América: seu caráter rebelde, irreverente, imprevisível. Ao mesmo tempo, como muitas outras vezes, essa irreverência se baseia em um pensamento tão simples quanto incontestável: não escrevemos como pensamos, a escrita tornou-se parte de uma máquina burocrática que nos impede cada vez mais de mostrar através dela o que pensamos e o que somos. Claro que existem movimentos excepcionais,[23] mas de maneira geral podemos constatar que temos eliminado a graça da escrita, a temos burocratizado, despersonalizado, monotonizado. A temos "de-formado", como se só importasse o que se escreve, e não como se escreve. Também nesse gesto, Rodríguez mostra uma marca de sua escrita, de seu pensamento e de sua vida: a denúncia de que somos algo bastante distante do que queremos ser, ou do que ainda dizemos que estamos sendo.

Portanto a forma de uma escrita não só expressa diferentes modos de pensamento, mas também proporciona diferentes formas de leitura. É preciso ler na forma do escrito para sentir seu tom e seu estilo. Simón Rodríguez (II, p. 158) o descreve com detalhes (sem formas, a escrita unifica o que só pode ser variado) o tamanho e a variedade dos caracteres indicam os tons, enquanto a separação e o isolamento das sentenças mostram as pausas; os pontos fora de uma frase a separam, e o pintar uma frase no meio de uma página a isola. Abaixo de um espaço em branco, os pontos indicam uma elipse; os *scripts*, a relação; as chaves, a ligação. É quase inaceitável que nos tenhamos confinado a uma escrita monoforme. Ao contrário, os signos usados por Rodríguez compõem uma escrita e uma leitura que recordam, em cada marca, a inseparabilidade de forma e conteúdo. Afirmam, insistentemente, que nunca o que se escreve é apenas o que se escreve, e que o como se escreve é parte irrenunciável do exercício da transmissão. À sua maneira e ritmo, a escrita

---

[23] Entre esses movimentos poderia citar, por exemplo, a obra de Marshall McLuhan, *The Medium is the Message: An Inventory of Effects* (New York: Bantam Books, 1967), ou a poesia concreta, ambos próximos, entre muitos outros exemplos, no espírito, à pretensão de Rodríguez.

grafológica de Rodríguez nos leva a levantar perguntas fundamentais: Para que escrevemos o que escrevemos? O que queremos produzir com nossa escrita?

Essa escrita também nos mostra que escrever é uma forma de arte, como o é de forma mais ampla a comunicação, tanto que "se pode PINTAR sem FALAR, mas não FALAR sem PINTAR" (II, p. 151). Repetindo: não se pode falar sem pintar. A fala é um gesto artístico. Quando estamos com o outro, o corpo diz com seus gestos o que as palavras não alcançam a significar; pintamos o ar com os gestos. O dito para o discurso falado também se aplica à escrita: "A *arte de Escrever* precisa da *arte de Pintar*" (II, p. 157). Também a escrita é um gesto artístico. A arte é a criação a serviço de uma compreensão maior. Em ambos os casos, deve haver conexões de ideias e pensamentos, de sentir e pensar. Escrevemos com o corpo, com gestos, com imagens, a fim de compreender e ajudar a compreender. Da mesma forma que pintamos. Na base de toda escrita, há sempre um sentir; o desafio do escritor, diz Rodríguez, é aprender a expressar os sentimentos dos outros que excitam os seus, porque são eles que movem a leitura (II, p. 158). Através do sentir, persuade; fazendo pensar, convence (II, p. 153). Escreve-se a partir do sentimento e do pensamento para sentir e pensar, para convencer e persuadir. A todo momento, Rodríguez busca superar a dualidade entre um plano intelectual e outro sensitivo, mostra seguidamente um pensamento afetivo, um sentimento intelectual. Por isso, uma educação que se apoie apenas numa dessas dimensões é insuficiente e estéril: "O que não se *faz sentir* não se *entende*, e o que não se *entende* não interessa" (II, p. 161).

Tendo em mente leitores como Thomas, Rodríguez distingue duas formas de escrita: a aforística para os leitores instruídos e a didática para os não instruídos. Não se trata de subestimação. Tampouco se trata de estabelecer condições, mas de ajustar a escrita pintada à sensibilidade de um leitor que pode encontrar nela o que está buscando, o que precisa para viver com os outros. Não se pode deixar ninguém fora da leitura. Especialmente na América, é preciso escrever não só para uma elite esclarecida, mas para os habitantes originários desta terra, os geralmente excluídos do mundo das letras. Assim, a lição de Thomas se reflete, em primeiro lugar, na escrita de Rodríguez: escreve, em sentido forte, para todos, como um professor de verdade faz escola para todos (II, p. 17).

A escrita tem a ver com pensar e com estar no mundo. Rodríguez defende que as crianças aprendam a pensar, e o quanto antes, porque aprendendo a pensar poderão aprender todas as demais coisas e, em particular, a conviver uns com os outros. A aposta de Rodríguez enfrenta outros métodos em voga na época, em particular o método Lancaster, que, como o próprio Simón Rodríguez observa, "é um absurdo", na medida em que, justamente, não ensina a pensar, mas a repetir e a recitar de memória (II, p. 25). Como argumentou F. Ortega (2011, p. 34-35), o método de Lancaster é preferido pelos governos da época por ser barato, simples e fácil de reproduzir, e talvez também porque, como observa S. Rodríguez, ajuda a formar os sujeitos dóceis com os quais não há como constituir uma vida republicana. Chama-as "ESCUELAS DE VAPOR", porque com poucos professores ensina-se milhares de garotos (II, p. 186).

Rodríguez é muito mais complexo. Seu método não é bem um método: exige um professor que pense, que invente, que se preocupe com todos e cada um e que não aplique cegamente alguns preceitos para transmitir calmamente um saber, mas que seja um leitor reflexivo, que tenha uma relação pessoal com seus alunos e que, também, seja bem pago e tenha boas condições, de tempo e de salário, para exercer a sua profissão. Rodríguez propõe um professor que seja um artesão e um artista do seu trabalho: um mestre inventor. Ou seja, tudo o que os governos não querem para as escolas.

Também por isso aprender e ensinar a falar e a pensar estão antes do aprender e ensinar a ler e a escrever: porque o ensino e a aprendizagem primeiros, mais significativos, não são técnicos, mas críticos, de fundamento, e só podem ser realizados em diálogo com os outros. São, em última instância, a aprendizagem e o ensino de uma vida pensante, cuidadosa, que se examina a si mesma, de uma vida que merece ser vivida por todos os habitantes desta terra. São a aprendizagem e o ensino da vida de cada um e a de todos os americanos. São a aprendizagem e o ensino de uma escola social, popular, e que conformam os princípios e sentidos de uma vida inventiva, sem igual e, ao mesmo tempo, entre iguais, como a republicana, muito mais que o conteúdo de uma técnica para se alcançar reconhecimento social e sobreviver numa sociedade que não merecemos e que nem a nós merece, como a monárquica.

Inventamos como Thomas ou erramos

Nesse campo, uma alternativa atravessa a vida e a obra de Simón Rodríguez como um grito, como uma expressão tirada das entranhas e mastigada por uma vida de pensamento e de trabalho dedicados à educação. A alternativa é sempre uma e a mesma: de um lado, a criação, a invenção, o pensamento, a vida, a liberdade; do outro, a reprodução, o erro, a imitação, a opinião, o servilismo. A primeira é o que faz quem faz escola, é o que precisamos e não praticamos nas escolas que existem na América. A segunda é o que temos feito até agora nas escolas, o que é mais fácil de encontrar nelas e que se trata de transformar. Fazer escola criando, inventando é o caminho para essa transformação.

Simón Rodríguez expõe essa alternativa de várias formas, em muitos contextos, a propósito de vários assuntos, em diferentes momentos. É uma alternativa filosófica, pedagógica, política, existencial. Esse é o lugar onde se joga o que somos, e o projeto do que podemos ser. Em uma carta escrita em 20 de julho de 1845[24] trata de criticar, em tom ácido, o sistema republicano do Equador como uma paródia mal imitada da constituição inglesa. Trata-se de *"pensar, em vez de imitar"*. Essa é também a lição de Thomas. A proclamação é repetida uma e outra vez, ao escrever sobre a educação pública para a América, que "não deve imitar servilmente, mas ser original" (I, p. 234).

De modo geral, na América Latina, esse chamado tem tido mais ressonância entre os poetas do que entre os filósofos de profissão. Um exemplo é o brasileiro, de Mato Grosso, Manoel de Barros, em seu livro *Memórias inventadas: a infância* (2003). Este livro, publicado há aproximadamente dez anos, traz 16 memórias curtas, crônicas de uma memória nas quais o poeta inventa, como o próprio título sugere, a infância.

Justamente o título, *Memórias inventadas*, é a primeira criação, e uma criação curiosa na medida em que se trata de um oximoro. Ou seja, são postos em jogo dois termos contraditórios que se negam mutuamente. Expressões semelhantes são, por exemplo, "gelo quente", "Amazonas pequena" ou "menino velho". Em todos esses casos, os dois termos são contraditórios: se algo é um gelo, então não pode ser quente, porque se algo é ou está quente contém propriedades que tornam impossível a existência de gelo, a sua negação. Da mesma forma, não há uma Amazônia que seja compatível com a pequenez, dadas sua vastidão, sua grandeza e sua exuberância. O mesmo se aplica para uma criança que, se for velha, deixa de ser criança ou a algo velho que, enquanto tal, não pode ser novo.

---

[24] Carta a Roberto Azcázubi, 20 de julho de 1845. In: *Cartas,* p. 185.

Da mesma forma, a memória seria algo de uma ordem contraditória com a da invenção, mais própria de uma descoberta, uma recuperação, uma recordação, algo que é desvelado, e não inventado. Enquanto a memória vai para o passado, a invenção parece ir em busca do futuro. A memória seria algo da ordem da "des-invenção", e a invenção algo do mundo da "des-memória". Uma e outra apontariam direções contrárias, opostas, contraditórias, desencontradas.

No entanto, o poeta inventa, recria o significado e o sentido das palavras. E faz isso justamente através da memória, recordando e reinventando sua memória, e com ela sua infância. Pensa e afirma uma palavra própria, inventada, inesperada. Faz da memória uma invenção, e da invenção uma memória. Não só os professores fazem escola. O poeta também faz escola inventando.

Talvez devêssemos deter-nos por aqui um pouco mais. Rodríguez enfatiza repetidamente a importância de inventar e também de ensinar as crianças a pensar. Hoje em dia, o lema de uma "educação para pensar" tornou-se também um bordão fácil, repetido, tentador em alguns sistemas educativos. Mas é preferível olhar as palavras com um pouco mais de cuidado, especialmente quando elas se tornaram demasiado fáceis de pronunciar. O que se entende aqui por pensamento? O que é que se pretende ensinar quando se propõe uma educação que ensina as crianças a pensar? O que significa, nesse contexto, pensar?

No caso do poeta, pensar é forçar uma aparente contradição para que as palavras digam algo mais do que o que estamos acostumados a pensar a partir delas. É mais fácil, natural, evidente, colocar a memória ao lado da recordação, do reconhecimento, da recuperação. O poeta inverte essa ordem. Exerce o pensamento para criar um novo significado, e não para reproduzir os significados usuais. Pensa dando às palavras uma propriedade que não tinham, uma força desconhecida para pensar. Nisso e por isso o poeta faz escola.

Assim o poeta pensa e escreve. Chamando as contradições e alimentando-se delas. Reinventando sentidos. Mostrando que o impossível é possível ou que não há sentidos impossíveis para as palavras. Que tudo é possível quando se trata de pensar. Há aí um flerte com o pensamento ilógico, com o não saber. O poeta pensa a partir de seu não saber, por não saber o que todo mundo sabe. Esse não saber não é uma ignorância; é, antes, uma desobediência. Ao contrário, quando o pensar mantém o ritmo da lógica e do saber estabelecido parece que, então, reproduz o já conhecido, o esperado, o possível. De outro modo, é quando o pensar dá lugar ao ilógico que parece surgir a possibilidade de algo novo. Como se o criar no pensamento precisasse tanto da lógica quanto da ilógica do pensar.

Assim, *Memórias inventadas*, como o título, é uma invenção e uma aposta do pensamento com o próprio pensamento. Aprendemos a pensar inventando. Nesse caso, pensamos que a memória não é, pelo menos não é apenas, algo da ordem da recuperação, da cronologia, de trazer o passado para o presente ou de levar o presente para o passado. A memória passa a ser algo da ordem da ruptura com o passado e da invenção de um presente que o passado não pode antecipar. Mas o título não para por aí: ele tem uma segunda parte após os dois pontos, e aí aparece *a infância*.

Já que o poeta nos convida a pensar com o título, como deixar de fazê-lo? Por que suspender esse ato de pensar cada uma das palavras e os signos pronunciados? Então, como ler esses dois pontos? O que eles significam? É a infância uma memória inventada ou uma inventora de memórias? É uma memória inventada de infância ou uma infância inventada da memória? Não é fácil parar de pensar quando se começa a pensar, nem parar de perguntar quando se começa a perguntar.

Mas o poeta não se conforma. Depois desse título composto, vem uma epígrafe na mesma sintonia: "Tudo o que não invento é falso". Não poderia ser de outro modo, ainda que no campo do pensamento as coisas sempre podem ser de outra maneira. Outra contradição que ajuda a pensar. É a primeira invenção da memória, a memória inventada mais infantil: estamos acostumados a pensar que a verdade está do lado da ciência, da demonstração, da racionalidade, da argumentação, da verificação, do resultado das provas, da conformidade ou acordo. Pois bem, aqui é o contrário: a verdade está do lado da invenção ou, para ser mais fiel ao poeta, a falsidade está do lado da não invenção.

Não há verdade sem invenção. O que não significa que todo invento é verdadeiro, mas que nada que não seja inventado pode ser verdadeiro. A lógica e a ilógica se combinam para fortalecer o pensar: não há verdade onde não há invenção. Só há verdade a partir da invenção. Posso inventar muitas coisas falsas, mas não posso encontrar coisas verdadeiras que não sejam inventadas. Para chegar à verdade, é preciso inventar – não há outra alternativa.

O título e a epígrafe dão significado um ao outro. Entendemos agora mais claramente o sentido das *memórias inventadas*. Se a verdade só pode ser da ordem da invenção, então as memórias devem ser inventadas, porque, se não fossem, não seriam verdadeiras. É necessário inventar para recordar, para rememorar, para não deixar a memória do lado da falsidade. A criação, a invenção tornam-se, então, condição para pensar. Mesmo, ou sobretudo, com memória. Podemos pôr adjetivos mais sofisticados na aposta: inventar é uma exigência epistemológica, estética, política do pensamento. Em todo caso, sem invenção não há verdade, e ninguém vai querer pensar aí onde não há verdades.

Há no poeta e também no filósofo educador uma forte aposta no pensamento, no pensamento inventivo que, de alguma forma, problematiza a lógica binária do pensamento abstrato, formal, separado do corpo, dos afetos. "Pensar em vez de imitar", diz ele em uma carta a Roberto Ascázubi, em Lacatunga, em 20 de julho de 1845.[25] Usa aí uma figura poética para descrever um desencontro: compara os acontecimentos a nuvens, que sempre estão lá, mas mudam constantemente sua figura ainda que nos pareçam as mesmas. Destaca a necessidade de pensar para entender o que está acontecendo nesse momento no Equador: um sistema que oprime para além dos que atuam nele. Se não se muda o sistema, serão em vão todos os esforços por melhorar a vida social. Os nomes serão mudados mas o sistema continuará fazendo o de sempre. Ao mesmo tempo, Rodríguez vive a dificuldade de sustentar-se materialmente, própria de quem apostou tudo no pensamento e não consegue encontrar trabalho, porque parece que ninguém necessita ou precisa de pensamento.

Assim Simón Rodríguez faz escola. Assim vive, de algum modo, esse paradoxo do poeta, do filósofo, do educador: dispor do pensamento para mudar a vida social em um espaço social que não sabe o que precisa para poder ser de verdade o que ele é e que não só não permite ao poeta, filósofo e educador que possa ter o mínimo que necessita para viver, mas que, além disso, o considera um estrangeiro, um delirante, um louco. A memória de Thomas, sua lembrança, o ajuda a perceber prontamente esse lugar. Como resposta, aposta, pacientemente, na educação para gerar outro saber, outra sensibilidade, outra atenção.

Simón Rodríguez sustentou, como poucos, a importância de inventar e pensar em vez de imitar para a educação na América Latina, em diversos sentidos: em suas instituições, em seus métodos, nas suas áreas de intervenção. Ele sustentou

---

[25] Carta a Roberto Ascázubi, 20 de julho de 1845. In: *Cartas*, p. 185.

essa bandeira de várias formas e servindo-se de várias razões. A primeira é que nenhum dos Estados modernos fez o que se deve fazer nesta terra: educar a todas as pessoas de verdade, no saber e no fazer, para uma vida em comum por vir, inaugural, inaudita. Rodríguez não é estritamente americanista, e a oposição entre o particular e o universal se mostra falaciosa para ler seu pensamento. Simón Rodríguez é as duas coisas ao mesmo tempo. O que ele quer para a América, quer para todo o mundo, e a inventiva que pede para a América se justificam porque o que ela necessita não existe em outro lugar.

Não há nenhum sistema educacional a ser imitado, não há Estado que destine à educação o dinheiro que deve destinar, não há educação básica que abra suas portas a todos a que deve abri-las. Daí seu caráter de crítico radical, intransigente. Não existe República que tenha as escolas que deve ter uma República. As escolas funcionam quase tão mal na Europa quanto na América. A América deve inventar suas instituições e sua educação, porque não há em nenhum outro lugar as instituições e a educação que possam dar conta dos problemas que constituem a realidade americana que, no final de *Sociedades americanas em 1828* (1842), Rodríguez (I, p. 193 ss.) resume em: a) que tenha pão para todos, que não haja fome; b) administração de justiça, império de paz e diálogo; c) uma educação que ensine a pensar, isto é, a ter sensibilidade intelectual, a estabelecer todas as relações necessárias para entender um problema; também moderação para ocupar-se com o que interessa ocupar-se socialmente, para despreocupar-se com o que não importa e deixar o caminho livre para criar.

Há outras razões. É preciso inventar porque imitar pode significar reproduzir a estrutura de dominação e extermínio que vem prevalecendo durante séculos na América. A lógica aprendida nas escolas monárquicas é um exemplo disso. Aprendem-se aí habilidades de raciocínio sofisticadas, como o silogismo aristotélico, para concluir que é preciso fazer com que o índio trabalhe a golpes por não ser homem (I, p. 243). Da mesma forma, os silogismos e os paralogismos que os jovens aprendem como papagaios nas escolas da colônia se convertem nos silogismos que passam por razões de Estado nos gabinetes ministeriais (II, p. 26). O uso dessa lógica é inaceitável na América (e em qualquer outro lugar), na medida em que fundamenta uma ética e uma política ilógicas: na verdade sustenta o oposto do que deveriam ser a ética e a política. Mais uma vez nos encontramos com a lógica do pensar. Novamente recordamos o *slogan* repetido em muitas escolas: "Educação para o pensar" – de que educação se fala? Que imagem de pensamento se afirma? Será a lógica das habilidades? Também no pensar, Simón Rodríguez faz escola. Não é nessa lógica e tampouco nesse pensamento que ele aposta. Seria, nesse caso, apenas um instrumento que pode ser utilizado em várias direções. Pensar não é simplesmente dominar habilidades, técnicas, ferramentas de pensamento. Pensar é ser sensível a uma terra e ao seu povo. Temos de aprender a pensar sentindo as pessoas e as terras da América. Um pensador não pode usar o pensamento para justificar a opressão, a submissão, e a escola não pode ser indiferente a esse uso do pensar.

Assim, o pensar referido pelo caraquenho reúne dimensões intelectuais e afetivas. É preciso pensar sobre outras bases, pensar sentindo, pensar pintando uma realidade de liberdade para todos os que habitam estes solos. Não está a verdade desta terra lá fora esperando para ser descoberta. A verdade precisa ser aqui inventada, como parte de uma ética e uma política que façam deste pedaço do mundo um lugar para que todos os que nele habitam possam viver como se deve viver, um lugar como não há outro na Terra. É preciso inventar uma verdade mais justa, bela e alegre para esta terra. É imperativo inventar uma vida em que crianças como Thomas também possam jogar o jogo de uma vida em comum de verdade e de justiça.

De modo que nós inventamos ou erramos. A invenção é critério de verdade, o suporte epistemológico e político da vida que estamos afirmando na América. Nem todas as invenções são verdadeiras, mas nós sabemos que se não inventamos não podemos acessar a verdade, que a verdade não pode ser imitada, reproduzida, copiada, modelada a partir de outra realidade. Temos de encontrar a verdade por nós mesmos, ou nunca a encontraremos. Como encontrar a verdade por nós mesmos? Como inventá-la? Como nos inventar? Rodríguez confia na formação das novas escolas de educação social para isso. Mas a resposta a essas perguntas não é fácil nem está somente nas palavras de um livro. É preciso fazer corpo dessas palavras. É preciso sair a viajar com a verdade. Faz-se necessário viver a verdade com aqueles que habitam esta terra. É preciso fazer escola nas escolas. A própria vida de Rodríguez é uma tentativa de pensar, inventar e praticar essa verdade de que tanto necessitamos, nós que habitamos esta parte do mundo: "Não preciso me trancar para pensar, para dizer o que coletei no espaço de 50 anos: ou o tenho escrito, ou posso escrevê-lo em pouco tempo".[26] Na época da escrita dessa carta, ainda ficavam outros quase dez anos para continuar andando a pensar a verdade, inventando a verdade, recolhendo a verdade emanada desta terra e de seu povo.

A infância de crianças como Thomas

A vida nas escolas, escrita em caracteres irreverentes, testemunha as invenções de Rodríguez, seu fazer escola na

---

[26] Carta a Roberto Ascázubi, 28 de julho de 1845. In: *Carta*s, p. 187-188.

América. Sua primeira invenção é dos primeiros inventores: meninas e meninos. Ainda com uma forte lembrança de Thomas, Rodríguez escreve que deles pode se esperar todo o novo, por isso considera a primeira escola a mais importante de todas. Ali é preciso que aprendam a pensar sentindo. Os olhos brilhantes de Thomas se espelham nas crianças que Rodríguez pinta em seus textos: são pensantes, reflexivas, falantes, persuasivas, convincentes (I, p. 237). Dizem a verdade, como os loucos. Há um compromisso importante de Rodríguez com a infância, com a sua capacidade para pensar, com a sua sensibilidade artística, com o seu compromisso com a verdade.

Sem dúvida, Rodríguez tem uma concepção muito forte da infância cronológica. Desconsidera, por insensíveis, os que não apreciam a enorme capacidade e sensibilidade de crianças que, ele próprio, em sua experiência de Chuquisaca, a contramão do hábito da época, tenta reunir na escola. Considera que as sociedades estão conformadas por grupos ou seções e que, à diferença de todas as outras seções que vivem de maneira isolada, observando apenas a si mesmas, as crianças observam a todas as outras (II, p. 394). De modo que as crianças observam tudo na sociedade. Como a sensibilidade está na base do pensar e do saber, o quadro da infância que se segue é de uma força singular.

A maioria dos homens não observa com atenção nada do modo de vida social e menos ainda a própria infância, já que, se o fizesse, não se consideraria tão superior a ela.[27] Ao contrário, as crianças são atentas, muito atentas e, por isso, donas de uma grande energia para perceber e pensar. Rodríguez descarta as visões evolutivas da infância, as que pensam que às crianças só se podem dar coisas concretas, materiais, que se perde tempo conversando com elas, pois só quando chegam à idade adulta

---

[27] Carta a Roberto Ascázubi, 28 de julho de 1845. In: *Cartas*, p. 187-188.

estariam em completa condição de refletir. Tal visão responde a uma espécie de miopia, e suas consequências educativas e sociais são nefastas: reproduz a hierarquia, o desprezo, o desencontro. Este é, talvez, o segredo de Rodríguez: ter sabido observar a infância, não subestimá-la, olhá-la de igual para igual. Eis, talvez, o segredo de um bom mestre: olhar com os olhos bem abertos as crianças que o observam. Acolher seu olhar, atendê-lo, cuidá-lo, nutri-lo, apreciá-lo. Ensinar é, já o sabemos, uma questão de atenção e sensibilidade.

Como Dom Simón sempre soube, a infância também é um momento de jogos e de ensaios. É necessário, nesse sentido, infantilizar a escola, levar a infância, com seus jogos, para a escola. Se a infância é vida de exercícios, ensaios e experiência – e essa última não depende dos anos que se têm, como mostra a própria vida de Simón Rodríguez –, assim também são as escolas: "As coisas não são nem boas nem más, mas quanto a experiência tem ensinado a conhecê-las" (I, p. 238). É preciso animar-se e experimentar, por isso nas escolas se aprendem os ofícios, as artes, o conhecimento. A experiência é a "Escola dos Profetas, em Artes e em Ciências" (I, p. 301), uma fonte de inspiração para profetizar na vida. De verdade, "não existe melhor mestre que a experiência" (II, p. 110). É preciso formar todas as meninas e todos os meninos desta terra para o mundo, para o trabalho, para a vida. Não devemos nos enganar, isso não é uma escola utilitarista ou pragmática, preparatória para a vida em sociedade: tampouco é uma escola técnica para fornecer as necessidades de força de trabalho que requer a indústria; ao contrário, é o trabalho da própria vida em sociedade feito escola, porque não se pode fazer escola fora da vida social. A escola está associada à vida, e a vida à escola. Na verdade, a vida é "um curso de estudos para aprender a viver" (I, p. 315): viver é aprender a viver, ir aprendendo, pela vida, a própria vida.

Si la Instrucción se proporcionara a TODOS
[...] ¿cuántos de los que despreciamos, por
ignorantes, no serían nuestros consejeros,
nuestros Bienhechores o nuestros Amigos?
¿Cuántos de los que nos obligan a echar cerrojos
a nuestras puertas, no serían depositarios de
nuestras llaves? ¿Cuántos de los que *tememos* en
los caminos, no serían nuestros compañeros de
viaje? No echamos de ver que los *más* de los que
nos mueven a risa, con sus despropósitos, serían
mejores Maestros que *muchos*, de los que ocupan
las Cátedras, –que las *más* de las mujeres, que
excluimos de nuestras reuniones, por su mala
conducta, las honrarían con su asistencia; en
fin, que, entre los que vemos con desdén, hay
muchísimos que serían mejores que nosotros, si
hubieran tenido Escuela.

Simón Rodríguez (I, p. 327)

Nada importa tanto como el tener Pueblo: formarlo debe ser
la única ocupación de los que se apersonan por la causa social.

(I, p. 283)

CAPÍTULO 3

Inventar a educação popular

Simón Rodríguez aprendeu com Thomas. Thomas é seu professor. Mas o que é um professor? Um professor é alguém que ajuda o outro a descobrir o que é. Thomas, o pequeno, ajuda Simón Rodríguez a encontrar o que é. Rodríguez deixa a escola, está na rua, brincando com outras crianças, e encontra, inesperadamente, seu mestre em uma criança estrangeira que invade o jogo. Quer tomar isso para si mesmo, quer fazer com os outros o que Thomas fez com ele. No entanto, há um detalhe, que não é insignificante. Rodríguez sabe que seu encontro com Thomas ocorre fora da escola. Quer levar isso que ele aprendeu para dentro das escolas. Isso é possível em uma instituição de ensino? Os professores podem realizar essa tarefa nas escolas? Devem fazer isso?

A escola de Thomas

As relações entre docência e instituição são complexas e dinâmicas. Nas escolas, os professores cumprem o papel social que se espera deles – o que pode sugerir uma resposta negativa às questões colocadas no parágrafo anterior.

Certamente, nas escolas da colônia, não há condições para que, pelo menos a maioria das pessoas, índios, negros ou pardos possam ser o que são. No entanto, Rodríguez acredita que na escola republicana podem se dar as duas alternativas. Mais ainda, considera que, se nas escolas existentes em seu tempo ambas são irreconciliáveis, nas que iria implementar com sua proposta de educação popular não só são compatíveis, como também o primeiro significado de ser um professor, ajudar aos outros a encontrar o que eles são, é o caminho para o segundo, para que as escolas desempenhem a função que lhes é própria em uma sociedade republicana. Ou seja, se nas escolas da colônia não há nenhuma chance de ser o que se é, nas escolas da República ser o que se é passa a ser uma condição para habitar uma sociedade mais justa para todos.

A educação de que a América necessita, que Rodríguez chama de educação geral, popular ou social, é justamente a que integra o conhecimento e a vida, que ensina as pessoas a viver (I, p. 106), o que significa ensiná-las a serem pessoas ativas, motivadas, autossuficientes. De acordo com essa ideia, é todo o povo, sem exceção, que deve integrar o mundo do saber, do pensamento e da ação. Um povo educado é um povo integralmente educado; todos pensam em todos, e não somente em si mesmos. Ninguém é educado em uma sociedade onde existem pessoas, mesmo que seja uma única pessoa, sem educação. Esta é a escola que faz Rodríguez. Este é o legado de Thomas. Também por isso a América deve inventar-se, e não imitar; por isso não tem sentido trazer imigrantes europeus sem antes educar todo o povo americano desde a primeira infância. Imita-se a Europa, imita-se uma sociedade deseducada, com milhões de pessoas excluídas da educação e, portanto, do mundo social.

Não parece sem sentido parar para pensar sobre o valor dessas afirmações em um mundo que ainda hoje vive uma educação de exclusões e de desigualdades. Rodríguez se situa como um revolucionário, alguém que ajuda Bolívar a completar a revolução militar e política, por meio da educação. Este é um primeiro ponto muito significativo: a educação é revolucionária, ou, dito de outra forma, sem educação não há revolução verdadeira, não há resistência, duração e consistência na revolução: o que é conquistado pela força será perdido sem uma prática educativa que consolide uma nova vida social. A educação, para Simón Rodríguez, é revolucionária porque significa inverter as prioridades e os valores sociais e também porque não há revolução duradoura sem uma educação na revolução.

Portanto, a educação só pode servir à revolução se realmente educa a todos os que habitam este mundo. Não há revolução se há uma única pessoa sem educação. Não há educação revolucionária se não se educa toda a sociedade. A educação é para todos ou para ninguém. Todos devem aprender a viver, e o pressuposto que subjaz nesse princípio é o de que todos são igualmente capazes de aprender. Só é possível que todos aprendam se, de fato, acreditarmos que todos nós podemos aprender. Partir do princípio oposto, da incapacidade ou da incompetência de alguns – que sempre são, na verdade, os mais excluídos e marginalizados da sociedade –, consagra o fracasso da revolução e joga em favor da consolidação da situação colonial. Não há grandes diferenças no impacto político produzido por aqueles que impedem os já excluídos pela sociedade de frequentarem a escola, seja porque duvidam de suas capacidades, seja por desprezo ou por indiferença. O efeito é o mesmo. A educação é para todos ou não é educação revolucionária.

Os modos de ser professor

Vejamos como Rodríguez pensa uma educação revolucionária na escola. Em primeiro lugar, não propõe nenhum corpo de ideias, nenhuma doutrina ou ideologia que se deva aprender ou ensinar. Os professores de suas escolas não são formadores de opinião ou consciência. Para Rodríguez, o conteúdo da educação está em sua forma. Distingue uma série de papéis ou funções pedagógicas. Há uma grande diferença entre instruir e educar, ou entre ensinar e educar. As palavras importam, mas o mais importante é esclarecer os conceitos e seus significados. No primeiro caso da alternativa, o saber é transmitido; no segundo caso, se ensina a viver. Os que fazem o primeiro são os professores "buzinas" (I, p. 233), que sopram saberes que mesmo eles não sabem como usar. É possível ser muito sábio e levar uma vida muito indigna. Não interessa um saber dissociado da vida ou um sábio professor que não saiba viver, que não ensine um saber para a vida. Os exemplos não faltam em tempos do mestre Rodríguez: "Como prova de que com o acúmulo de conhecimentos, estranhos à arte de viver, nada se faz para formar a conduta social – vejam-se os muitos estudiosos mal formados que povoam o país das ciências" (II, p. 104). É desnecessário enfatizar os muitos sábios mal formados que, estranhos à arte de viver, continuam povoando o país de conhecimento nestas terras. O professor que interessa a Rodríguez é um professor que transmite um saber que ensina a viver, um saber vital, uma vida feita saber.

Uma distinção paralela, entre catedrático e professor, acompanha a anterior. O primeiro transmite conhecimentos; o segundo forma para a vida em sociedade. Aquele é o que conhece uma matéria e a comunica, de cima para baixo; qualquer um pode fazer isso, basta estar preparado com um mínimo de antecedência e recitar o conhecimento em questão. O professor, ao contrário, é o que "faz ver, por sua dedicação, que se aplica exclusivamente a estudar uma arte ou ciência" (I, p. 246).

Anotemos: o que caracteriza o professor é muito mais sua dedicação ao estudo do que os conhecimentos que possui e sua capacidade de transmiti-los. Professor é o que estuda e forma no estudo. Isso é o que mais transmite um professor, o que os seus estudantes aprendem: uma relação com o saber, com os livros, com a vida, uma dedicação ao estudo tão fascinante e vital que os estudantes não podem não querê-la para si, para a sua própria vida e, em uma escola, bem entendido, para todos os membros de uma sociedade. Os estudantes querem estudar como estuda o professor e querem que todos estudem como ele estuda.

Este último recebe, em outros escritos, o nome de professor, que é destacado em três tipos distintos: o que visa mostrar que sabe e então não ensina, o presunçoso; o que quer ensinar tanto que confunde o discípulo (esses dois tipos seriam formas de catedrático ou professores "buzina") e, finalmente, "outros, que estão à disposição de TODOS, consultando as capacidades. Esses últimos são aqueles que conseguem a finalidade do ensino, e os que perpetuam seus nomes nas escolas" (II, p. 17).

Então, existem três tipos de professores: os que presumem saber, os que confundem com seu saber e os que ajudam para que todos saibam. Dessa trilogia só interessam, para uma educação republicana, os últimos. Ou seja, não interessam os professores catedráticos (os que transmitem seu saber), fingidores ou atrapalhadores. Interessam os professores de todos, aqueles que se colocam a serviço dos que aprendem para que aprendam o que necessitam para viver. Os professores precisam não só saber os princípios dos conhecimentos, mas também "ajudar a estudar", "ensinar a aprender" e, mais ainda: "INSPIRAR em alguns e EXCITAR em outros o DESEJO de SABER".

Ou seja, o professor interessante, o que faz escola, não é o que transmite o seu saber, mas o que gera desejo de saber, o que inspira em outros o desejo de saber. Professor é aquele que provoca nos outros uma mudança em sua relação com o saber, é o que os retira de sua apatia, de sua comodidade, de sua ilusão ou impotência, fazendo-os sentir a importância de entender e entender-se como parte de um todo social. Em última instância, é o que faz nascer o desejo de saber para compreender e transformar a vida própria e outras vidas.

Um trabalho sobre a atenção

Na escola, o professor trabalha sobre a vontade e a atenção do que aprende, para que possa se ocupar do que necessita saber para viver de forma diferente com quem partilha a sua vida. O trabalho sobre a atenção de quem aprende é fundamental: o professor conhece o assunto e conhece "a arte de ensinar, que consiste em... saber CHAMAR, CAPTAR e FIXAR a ATENÇÃO" (II, p. 17). O professor quer que seus estudantes queiram aprender e aprendam a querer continuar aprendendo.

A arte de ensinar é tripla, diz Rodríguez (II, p. 17), e cada uma dessas partes significa uma forma de trabalhar a atenção do estudante: uma forma de chamá-la, pegá-la e corrigi-la. Essa é a difícil arte do professor, por ser a atenção "uma e indivisível" (I, p. 406). O professor deve ir à busca da atenção dos seus estudantes, sair ao encontro dessa atenção para seduzi-la, perturbá-la e convidá-la a se repousar sobre o que é preciso questionar, compreender, pensar e inventar, isto é, para que se ponha a atender o que permitirá dar-lhe o que necessita para viver como é preciso viver.

Do professor, Rodríguez também afirma que deve ser "sábio, ilustrado, filósofo e comunicativo".[28] O professor sabe o que ensina, mas, mais do que ensinar o seu saber, ensina que

---

[28] Carta a Anselmo Pineda, 2 de fevereiro de 1847. In: *Cartas*, p. 206.

se queira saber e entender o que se sabe. Nesse caso, é aquele que "ensina a aprender e ajuda a compreender" (I, p. 246). Rodríguez foi preciso de várias formas: o professor não é o que manda aprender, nem aquele que indica o que deve ser aprendido ou aconselha que se aprenda, isto é, preocupa-se tanto com o que, de fato, aprende quanto com que os que aprendem nunca deixem de querer aprender. Isso é o que ele sabe melhor, um saber de outros, para outros, com outros: é quando os outros sabem que ele sabe de verdade, quando os outros aprendem que ele ensina; é só assim, então, que o seu saber se realiza e adquire sentido, quando os outros aprendem a viver, a saber viver. O professor, portanto, pensa nos outros, e não em si mesmo; se busca saber é para que outros possam saber. Esse professor deve estar no início, na primeira escola; ele é o que marca a primeira relação de quem aprende com o aprender, porque aprendendo o que ele ensina, ou melhor, quando se aprende essa relação que ele ensina com o aprender, aprendem-se todas as outras coisas, e sem essa aprendizagem nada poderá ser aprendido que valha a pena.

Assim, o trabalho do professor é de uma sensibilidade intelectual sobre outra sensibilidade intelectual, a do estudante, para que este volte sua atenção ao que é necessário para a vida. Isso requer tempo e paciência (II, p. 406) e que o professor considere seus estudantes como iguais, e não como inferiores. Pois entre desiguais só pode haver antipatia, a causa da submissão, enquanto que a verdadeira simpatia, um *pathos* ou uma afeição comum, compartilhada, só é possível entre iguais (I, p. 408). Assim, só há verdadeira educação entre iguais.

Isso é o que Thomas ensina a Simón Rodríguez com sua aparição naquela experiência filosófico-pedagógica vital para o mestre. Esse é o modo singular com que Simón Rodríguez faz escola, um gesto que está, inclusive, antes de os estudantes entrarem nos edifícios escolares: é esse aceno com o qual Rodríguez se dirige aos mestiços e às mestiças, aos que sempre lhes fizeram saber que não eram capazes ou dignos de ir à escola e lhes diz: "Venha aqui, este lugar é seu, mais do que de ninguém. Vocês têm as mesmas condições, a mesma força e a mesma capacidade para ocupar este espaço que todos os outros. A escola é de vocês". Esse é o primeiro e mais importante gesto de Rodríguez, seu fazer escola, seu ser professor singular na América. É também o nascimento da educação popular nestas terras.

A alegria de ensinar

Como se observa, o professor que propõe Rodríguez é um inspirador, um excitador de saber. Ele também é um estimulador da vontade, do querer. O que primeiro exorta saber e querer é a força da própria capacidade de saber e de pensar: o perceber-se como alguém igualmente capaz de saber e de pensar como todos os outros seres humanos. Esse é outro aspecto do ensinamento de Thomas e uma marca crucial do fazer escola de Rodríguez, especialmente no caso de grupos sociais tradicionalmente excluídos da escola. É também um professor que ajuda a entender e compreender o que ensina com prazer, com alegria, entretendo. A esse respeito, Bolívar diz: "Ele é um professor que ensina divertindo".[29] Não se parece em nada com os velhos mestres da colônia, é um professor novo para os novos, para aqueles que querem fazer uma nova sociedade.

Esse é um ponto importante. "O riso como um antídoto para a estupidez", geralmente aconselha Simón Rodríguez.[30]

---

[29] Carta de Simón Bolívar ao general Francisco de P. Santander. In: *Cartas*, p. 122.

[30] Miguel Luis Amunátegui conta que corria com as crianças pelas ruas "como o velho Esopo se divertia em jogar nozes com os meninos de Atenas" (1896, p. 233).

Dom Simón vive rindo. Ri ensinando. Ri escrevendo. Ri ao construir escolas e ao fazer escola. Ri ainda quando é incompreendido, combatido, insultado, ignorado. O professor ri, sempre ri. Como Thomas, ri sem pensar, como um gesto de estar no mundo, como atitude existencial de quem expressa, com seu riso, a alegria de viver.

Sim, Rodríguez sempre ri. Nas escolas, aprendendo e ensinando. Por exemplo, diz-se que na Jamaica ele se divertia aprendendo inglês com crianças nativas na escola pública.[31] Muitos anos mais tarde, quando ensina matemática em uma escola no bairro de La Rinconada, em Valparaíso, Chile, chega um viajante francês, o professor Louis Antoine Vandel Heyl, que fica maravilhado diante das risadas dos meninos com as explicações de Simón Rodríguez.[32]

O riso e a arte são parte inseparável da vida de Dom Simón. Parece que fez vários cursos de teatro na Europa e participou de algumas produções. Ele atua na rua e na sala de aula. Ele atua o tempo todo. Vive atuando. Contam-se muitas anedotas que ilustram esse seu caráter. Desveste-se nas aulas de anatomia para que os estudantes se familiarizem com as partes do corpo humano (ORGAMBIDE, 2002, p. 169).

Um professor digno desse nome educa, com arte e alegria, a todos, sem exceção (II, p. 104). Ninguém pode ficar de fora. Ninguém pode prescindir da educação e do riso. Todo mundo chega até o professor do povo, de uma educação alegre, popular, geral, de uma escola social. Rodríguez acredita que as escolas da colônia não são totalmente escolas porque são espaços de tristeza, que não ensinam aos pobres,

---

[31] Amunátegui conta que o francês lhe propõe abrir uma academia, e Rodríguez diz que não quer fazê-lo jogar dinheiro fora (1896, p. 251-261).

[32] P. Orgambide põe (inventa) a seguinte frase na boca do francês: "É a primeira vez que assisto a uma aula de matemática divertida!" (2002, p. 186).

que ensinam pela metade, pelo meio, apenas a alguns (I, p. 326). E não se pode ser propriamente professor nelas, não se pode fazer nelas escola, pelas mesmas razões. São necessários novos professores, novas escolas e novos nomes para uma educação para todos.

A escola popular

O embate é crucial e ainda nos atravessa. Consideremos o contexto. Uma América liberta do poder espanhol, mas ainda capturada por um estilo de vida social excludente, injusto, indigno. A posição de Rodríguez rompe esse falso antagonismo que vai atravessar a fase pós-colonial: civilização ou barbárie; racionalidade ou emoção; europeísmo ou americanismo. Não há sentido na afirmação excludente de qualquer um dos dois polos e nenhuma possibilidade de vida social verdadeira que negue existência digna a algum dos extremos – e sempre, é claro, é o mesmo extremo que é negado. O progresso passa pela educação dos supostamente atrasados e os supostamente avançados por igual; a civilização é a educação da barbárie, onde ela é encontrada, em todos os setores da vida social; a racionalidade está em pensar as emoções e em sentir o pensamento comum a todos os habitantes de uma sociedade.

Como pensa Rodríguez o interior da escola nessa educação popular? Que forma concreta tem seu projeto escolar? Como é a escola popular por dentro? Vimos alguns aspectos de sua primeira tentativa em Bogotá. Uma apresentação precisa da segunda tentativa mais significativa, na Bolívia, pode ser lida em uma nota à "Defesa de Bolívar" (II, p. 355-361). A escola de Chuquisaca abriga crianças pobres de ambos os sexos e tem um primeiro significado reparador para estudantes, mestiças e mestiços, para livrá-los da ausência de uma estrutura institucional ou do que eles aprendem nas outras instituições que os abrigam: a submeterem-se e a suplicar (nos Conventos); a conviver com a miséria e com os vícios (nas Prisões) e a servir e venderem-se (nos Hospícios).

Na escola de Chuquisaca não se discriminam as crianças por causa de sua cor de pele, seu sexo, a classe a que pertencem, a família em que nascem, suas crenças religiosas ou a língua que falam, como de costume nas escolas de primeiras letras da colônia. Ao contrário, ao entrar na escola popular, suspendem-se as desigualdades geradas pelas diferentes tradições, famílias, classes sociais. Nessa escola, os estudantes são todos igualmente estudantes. Poderíamos dizer que é uma escola para aqueles que não reúnem as condições artificialmente impostas pelas escolas da época, é uma escola sem condições, de verdade, para todos.

O que oferece a escola de Chuquisaca de diferente das escolas da colônia? Primeiro, higiene, vestimenta, alimentação e dormitório dignos. Em segundo lugar, aprendizagem dos ofícios básicos, sendo os três principais: os trabalhos da terra (alvenaria), da madeira (carpintaria) e dos metais (ferraria). Dá ocupação aos pais das crianças que podem trabalhar e assistência àqueles que são inválidos. Ou seja, oferece aos mais excluídos, aos nativos donos e despossuídos de suas terras um contexto digno de acolhida para aprender a perceberem-se como iguais, como habitantes do mesmo mundo, uma morada de cuidado para poderem pensar a si mesmos como habitantes de um mundo comum.

Nessa escola, aprende-se o valor do próprio trabalho, trabalhando. Também se aprendem artes e ciências. Aprende-se a pensar pensando e a conviver convivendo. Convivem aí meninos e meninas pobres com crianças mais favorecidas. Há também jovens que se formam para ensinar depois em outros lugares. Aprendem-se – o que talvez mais importe a Rodríguez – os valores sociais de uma república de livres e iguais.

Em todos esses sentidos, Simón Rodríguez é o primeiro impulsionador de uma educação popular para a América. Popular quer dizer, para ele, de todo o povo, de todas as pessoas e, em primeiro lugar, de todos os que os outros consideram que não se podem educar: os pobres, os abandonados por ilegítimos, rudes ou porque se pensa que já estão grandes demais para aprender o que poderiam ter aprendido quando crianças. Nesse sentido, fica clara a opção de Rodríguez, as mudanças sociais só podem vir das classes excluídas, dos novos; dos favorecidos, no entanto, pouco se pode esperar: "Só você sabe, porque vê, como eu, que para fazer repúblicas, se fazem necessárias pessoas novas; e que das que se chamam *decentes,* o máximo que se pode conseguir é que não ofendam".[33]

Uma escola de hospitalidade

Assim, a escola de Simón Rodríguez é uma escola de hospitalidade.[34] J. Derrida levantou a questão da hospitalidade como antinômica: afirma que existem dois extremos, o da hospitalidade absoluta e o da hospitalidade regulada, condicionada (DERRIDA; DUFOURMANTELLE, 2003). A hospitalidade absoluta se daria se recebemos o outro, sem mais, como tal, sem colocá-lo ou pedir-lhe qualquer coisa, sem lhe fazer perguntas, sem condições, sem sequer lhe perguntar o nome, a língua que fala, de onde vem. Esse é um extremo, mas o paradoxo da hospitalidade é que ela nunca se dá desse modo, mas sempre condicionada, sob leis ou regulamentos,

---

[33] Carta a Simón Bolívar, 30 de setembro de 1857. In: *Cartas*, p. 153.

[34] Ver o interessante desenvolvimento dessa ideia em M. Durán (2008).

no contexto de instituições. Vale então, perguntar-se, com Derrida: essa forma condicionada é, ainda assim, hospitalidade? Estritamente falando, não o é, porque a hospitalidade, para ser de verdade, só pode ser absoluta; mas, nesse caso, torna-se impraticável. Assim, o paradoxo da hospitalidade é que ou ela é absoluta e, portanto, impraticável ou se pratica em sociedade e é de mentira, quase não é hospitalidade. Derrida chama à hospitalidade o estrangeiro que é, no fim das contas, o convidado. O que convida o fez para uma conversa, para tomar a palavra. O estrangeiro é o estranho, o que vem de fora, que não é o anfitrião e, ao aceitar o convite do anfitrião, converte-se, de repente, em seu próprio anfitrião, no anfitrião do anfitrião. Vem de fora para ser educado, toma a palavra e convida a educar-se o que estava à sua espera. É isso que faz Thomas com Simón Rodríguez.

Esse é, talvez, o jogo social que quer propor Simón Rodríguez nas escolas republicanas. Dar a palavra ao convidado para essa escola. Os convidados convidarão depois a falar aos filhos de espanhóis nativos da terra. Talvez seja por isso que em suas escolas se ensinam espanhol e quéchua. Convoca os estrangeiros mais estrangeiros da sociedade: aqueles que falam outra língua, os mestiços, índios, negros, mulatos, e instaura uma língua indígena (o quéchua) como o idioma a ser aprendido por todos nas escolas, ao mesmo nível que o espanhol. Isto é, sem eliminar a língua dominante – que também é sua língua nativa –, faz da linguagem deturpada e esquecida de uns a língua a ser aprendida por todos, em pé de igualdade com a língua do colonizador. Não é fácil esta prática de hospitalidade. É uma hospitalidade quase absoluta para a que pode ser praticada em seu tempo. São muitos os que precisam ser convidados na América. O próprio Rodríguez os lista: "Huasos, chineses, bárbaros, gaúchos, cholos, huachinangos, negros, prietos, gentios, serranos, calentanos, indígenas, gente de cor e de Ruana, morenos, mulatos, zambos, brancos perfilados e patas amarelas, e uma CHUSMA de cruzados de terceira, de quarta, de quinta" (I, p. 320).[35] A esses nativos desapropriados, despossuídos, usurpados, estrangeiros em sua própria terra, Rodríguez chama para se tornarem anfitriões do anfitrião, e coloca o anfitrião no lugar de um estrangeiro que precisa estudar a língua deles. Convida uns e outros a encontrar uma outra língua, comum, em que o estrangeiro se torne anfitrião do anfitrião e possa tomar a palavra e dizer sua própria palavra.

Assim faz escola Simón Rodríguez viajando pela América, na Bolívia, em sua vida errante. Nesse fazer escola se abrem as portas, ao outro, ao desprezado. Este é convidado a dialogar em sua própria língua; é considerado um igual, é apreciado em sua força, sua capacidade, sua integridade; são oferecidas a ele as condições materiais e afetivas para aprender a pensar e a viver com ele; experimentar um trabalho e uma vida em comum; trabalha-se sua atenção; estimula-se sua vontade; ensina-se a ele a língua do outro, e ele é também ouvido em sua própria língua.

---

[35] Forma depreciativa de dizer que não são de "primeira categoria".

no hay LIBERTAD donde hay AMOS
ni PROSPERIDAD donde la CASUALIDAD
dispone
de la Suerte Social

Ha llegado el tiempo de Pensar [...]

Simón Rodríguez (II, p. 178)

CAPÍTULO 4

A escola da antiescola: iconoclastia e irreverência

Temos argumentado em várias passagens deste texto como Simón Rodríguez aposta em uma educação de seres críticos, pensantes, reflexivos. Aprecia estudantes irreverentes, muito mais do que dóceis. Aposta naqueles que são capazes de recriar o pensamento, a vida, a ordem social. O mesmo pede ou exige dos professores. É o que ele também oferece em sua prática pedagógica e em sua vida.

Simón Rodríguez é um irreverente, iconoclasta. Não pensa no que se deve pensar, não vive como se deve viver, não atua como se deve atuar. Pelo contrário, centra precisamente a sua missão educativa em inverter boa parte dos valores que sustentam a sociedade colonial, para que ela se torne uma verdadeira República. Ele faz isso de várias maneiras, incansável, obstinado, teimoso.

Essa personalidade de Rodríguez se mostra em seus escritos, tanto nos textos mais programáticos quanto em suas cartas, nas grandes ideias e nos pequenos detalhes. Em seus textos, é um crítico feroz e insistente daqueles que não entendem o que se trata de fazer na América. Em uma série de gestos, afirma sua visão crítica do mundo de modo consistente e corajoso.

Por exemplo, em carta a Bolívar considera-se pouco entendido ao abrir a escola de Bogotá e ainda menos quando abre a escola de Chuquisaca. Na mesma carta afirma que suportou um número elevadíssimo de coisas, mas que não pode suportar ser desconsiderado em público e que nem sequer aceitaria isso do próprio Bolívar.[36] Em Chuquisaca uma história nunca totalmente negada o pinta inteiro: como novo membro do governo deve oferecer um banquete às pessoas "importantes", incluindo o general Sucre, e ele mesmo o prepara e, em vez de pratos, serve refeições em mictórios novos (LASTARRIA, 1885, p. 48-49). Nos momentos em que deseja publicar seu trabalho, e é muito difícil encontrar o dinheiro necessário para isso, não aceita fazê-lo em condições nas quais acha que seu pensamento poderia ser prejudicado ou obscurecido nos meios de comunicação que oferecem espaço para isso[37]; em momentos de extrema necessidade financeira recusa empregos com alta renda, porque iria ocupar um lugar criticado e insultado por ele próprio e, se o ocupasse, então, sua crítica perderia o valor.[38] Ele resiste até o dia de sua morte. Um padre vai visitá-lo para fazer sua confissão, e, sem aceitá-la, invoca o juramento realizado com Bolívar no Monte Sacro.[39]

Como crítico feroz de seu tempo, Simón Rodríguez recria figuras paradigmáticas da chamada cultura ocidental e se inscreve em uma tradição filosófica que nos interessa precisar. De fato, ele se aproximou de nomes notáveis dessa tradição, como Sócrates e Diógenes, o cínico. Acreditamos que essa

---

[36] Carta a Simón Bolívar, 30 de setembro de 1827. In: *Cartas*, p. 151.
[37] Carta a Roberto Ascázubi, 28 de julho de 1845. In: *Cartas*, p. 188.
[38] Carta a Roberto Ascázubi, 12 de agosto de 1845. In: *Cartas*, p. 191.
[39] Ver o apêndice das *Obras completas* de Simón Rodríguez: "Relato de la muerte de Simón Rodríguez" (1898) em II, p. 547-550. O texto foi publicado originalmente em *El grito del pueblo,* Guayaquil, 4 de agosto de 1898, sob o título "Dos retratos del natural".

aproximação enriquece o estudo de sua figura e requer a consideração da ideia de filosofia e de sua história que se afirma como pressuposto ao tecer essa comparação. Se o fazemos, não é por um desejo erudito ou historiográfico, mas porque acreditamos que ali está em jogo algo importante no retrato de sua figura, quando o comparamos com esses outros nomes. Acreditamos que Simón Rodríguez tem um lugar de destaque na filosofia e sua história, em particular segundo uma concepção da história da filosofia que passamos a demarcar na continuação.

Simón Rodríguez e a filosofia

Estamos acostumados a considerar a história da filosofia como um conjunto de ideias, doutrinas e posições teóricas sobre determinadas questões ou problemas. Consideram-se os filósofos por suas obras: se estuda a *Ética* de Spinoza, as *Críticas* de Kant, *Diferença e repetição* de G. Deleuze e assim por diante. As diferenças surgem acerca de quais filósofos se incluem nessa história, mas geralmente há um consenso de que a filosofia passa pelas obras dos filósofos e pelo estudo atual de filosofia a partir da leitura e interpretação dessas obras. Nesse sentido, uma primeira questão que surge é que algumas obras de Simón Rodríguez, como *Luces y virtudes sociales* ou *Sociedades americanas en 1828* teriam pleno direito de entrar nessa história. No entanto, outro movimento é possível: um olhar mais atento mostra que há muito mais que as obras por detrás dos filósofos. Há também, entre outras coisas, a vida dos filósofos ou, para dizer com M. Foucault, a "história da vida filosófica como problema filosófico" (FOUCAULT, 2009, p. 196). Isso é o que o próprio Foucault busca com obsessão, nos seus últimos cursos no Collège de France, em figuras como Sócrates e os cínicos: heróis filosóficos, não pelo suposto brilho de suas doutrinas, mas pela natureza explosiva, militante e revolucionária de seus modos e estilos de vida; pela força que eles têm para inscrever-se crítica e devastadoramente na tradição de como pode ser vivida uma vida filosófica.

Esse é um problema filosófico da maior importância em longos períodos da história da filosofia e que parece ter sido ofuscado na tradição contemporânea que privilegia a filosofia como elucidação de textos, conceitos e sistemas filosóficos: como viver uma vida que vale a pena ser vivida. Nesse sentido, as escolas filosóficas da Antiguidade não só ou não sempre se caracterizam por sustentar um corpo teórico bem definido, mas por situar a própria vida em uma tradição de pensamento e de vida que dê sentido e razão ao estilo de vida afirmado. Nessa dimensão, a vida de Sócrates dá início a várias tradições filosóficas. Entre elas a da filosofia como escrita e análise de textos, mas também a da filosofia como modo de vida. Ambas estão presentes nos *Diálogos* de Platão e, a partir delas, várias escolas da Antiguidade se incorporaram de um ou outro modo a esse início para pensar e afirmar uma vida própria.

Na verdade, a vida vivida por Sócrates introduz uma inflexão na cultura grega. Certamente não é o primeiro a fazer da própria vida "objeto de elaboração e de percepção" estética, como mostra Foucault (2009, p. 149). Há antecedentes tão remotos quanto os de Homero e Píndaro. Mas é o primeiro a mostrar que viver uma vida que mereça ser vivida, necessariamente, está associado à tarefa de dar conta desse modo de viver, de justificar por que se vive dessa forma e não de outra. Dito de outro modo, a partir de Sócrates, não é suficiente, como tradicionalmente, viver e postular um tipo de vida: é necessário poder justificar a beleza, o valor e o sentido dessa vida. Também é verdade que Sócrates não é o primeiro a fazer filosofia se pensamos, justamente, nos filósofos chamados "pré-socráticos", isto é, naqueles que são chamados assim por Aristóteles por serem filósofos anteriores a Sócrates. Mas, ao contrário dos pré-socráticos, que fazem passar a filosofia especialmente pela escrita de um livro, Sócrates é o primeiro a marcar uma relação inseparável entre a filosofia e a vida, como veremos mais adiante, inclusive separando a filosofia da escrita.

Um Sócrates popular

Para isso, Sócrates reinventa a filosofia, pelo menos como uma prática de interrogar os outros para que, justamente, mostrem o valor da vida que vivem. Isto é, tira a filosofia nascida da escrita de textos para situá-la no contexto da palavra falada com os outros. Nesse sentido, os *Diálogos* de Platão são um testemunho da forma como Sócrates exerce a filosofia: interrogando aos outros e justificando sua maneira de viver, seu estilo de vida filosófico. Na *Apologia de Sócrates* o testemunho é de defesa contra aqueles que veem esse tipo de vida como perigoso para os jovens da *pólis*.

É interessante notar que, na *Apologia*, se dão as primeiras aparições de palavras associadas à filosofia com um sentido técnico na língua grega,[40] e todas elas têm formas verbais.[41] Convém observar que Sócrates não se refere à filosofia com um substantivo, como algo pronto, conhecido, terminado ou consagrado, mas como algo que se faz, que é praticado, vivido.

---

[40] Segundo aponta Giannantoni (2000, p 14-15), a tradição que atribui a invenção desse termo à Pitágoras não é confiável, e o termo aparece com um significado diferente em um fragmento de Heráclito (DK 22 B 50), em Heródoto, que chama Pitágoras de *sophistés* mas a Solon de *philósophos* (Histórias I, 30), e em um epitáfio famoso em homenagem aos mortos na Guerra do Peloponeso, que Tucídides (II, 40, 1) atribui a Péricles. Mas não conservamos da cultura grega qualquer registro de um sentido semelhante ao que hoje chamamos de filosofia anterior a este da *Apologia*.

[41] Duas vezes no infinitivo e duas vezes no particípio do verbo *philopheín*. Foram analisadas, com algum detalhe, essas aparições em *Filosofía. O paradoxo de aprender e ensinar* (KOHAN, 2009).

Vou analisar essas aparições pelo peso que possuem, não apenas com referência a Sócrates, mas também a Simón Rodríguez.

A primeira forma é "todos os que filosofam" (*Apologia* 23d), que aparece para marcar um tipo de relação com o saber e a ignorância. Todos os seres humanos somos ignorantes, pensa Sócrates, e a diferença entre aqueles que filosofam e os que não filosofam é que, embora nem um nem outro saibam alguma coisa de valor, aqueles não só não sabem, mas não se enganam com respeito ao seu não saber, ou seja, não sabem nem acreditam saber, e esse não se acreditarem sábios sem sê-lo é precisamente o que os diferencia dos demais e os torna mais sábios. Primeira nota dos que vivem uma vida filosófica: não crer saber o que, na verdade, enquanto ser humano, não se pode saber, o que nenhum ser humano sabe.

A segunda forma está diretamente relacionada à vida. Depois de analisar se ocupar-se da filosofia não seria algo vergonhoso e, portanto, perguntar-se se não seria melhor se concentrar em outra coisa que não o filosofar, com a aproximação da morte, Sócrates conclui que seria muito injusto deixar o seu posto de luta por medo da morte e que "é necessário viver filosofando, isto é, examinando a mim mesmo e aos outros" (*Apologia* 28e). Segunda nota dos que vivem uma vida filosófica: filosofar significa viver examinando-se a si mesmo e aos outros.

A terceira e a quarta forma aparecem quase juntas, são o infinitivo "filosofar" (*Apologia* 29c) e o particípio "o que filosofa" (*Apologia* 29d). Sócrates diz que se lhe propusessem absolvê-lo com a condição de parar de filosofar, não aceitaria, mas insistiria em exortar seus compatriotas a parar de cuidar das riquezas, da fama e da honra, como eles vinham fazendo, para cuidarem e se preocuparem com o pensamento, com a verdade e com a alma, para que esta seja a melhor possível. Assim, a terceira nota dos que vivem uma vida filosófica é a inversão dos valores dominantes, associada a uma pretensão de intervir de modo que aqueles que compartilham a vida em sociedade deixem de cuidar do que cuidam e passem a cuidar do que está abandonado, do que parece que ninguém cuida na *pólis*, a não ser aquele que vive de acordo com a filosofia.

Nesse contexto surge a famosa imagem em que Sócrates se compara a um moscardo que busca despertar aquele cavalo, grande e bonito, que é sua *pólis*, Atenas (*ibid.*, 30e-31c). Por fim, nessa cidade, cheia de figuras respeitáveis e eminentes, Sócrates se apresenta a si mesmo como o único desperto. A figura não é nova. O contraste entre aquele que está desperto e muitos que dormem já era um *leit motiv* do pensamento, pelo menos a partir de Heráclito. *Luces y virtudes sociales* é o título de uma das principais obras de Simón Rodríguez. O que talvez caracterize mais especificamente esse momento iniciador de Sócrates é que concede, a certa relação com a ignorância, o poder de iluminar a vigília. E que, por alguma razão misteriosa que Platão chamou de mandato divino, decidiu projetar essa relação sobre os outros, teimosamente, como uma missão. Essa pretensão faz de Sócrates um problema e um perigo, mas também um enigma e um começo: sua vida não pode ser vivida sem que os outros sejam afetados por ela de certa maneira, e sua relação com a ignorância não pode ser mantida sem que outros ponham em questão sua relação com o saber. Em outras palavras, a filosofia que nasce com Sócrates não pode não ser educadora, o filósofo não pode não ter vocação pedagógica, o filosofar está inscrito no quadro mais amplo do educar. A filosofia passa a ser uma vida educadora, uma escola de vida.

Deter-nos-emos um pouco neste ponto, pois se trata de uma questão que pode interessar profundamente um filósofo, um educador, um professor de filosofia, independentemente do seu tempo e do seu lugar: a filosofia, pelo menos *à la Sócrates*, não pode não ser educativa. Viver uma vida filosófica exige ver-se com o pensamento dos outros, intervir sobre ele e permitir-se ser afetado por ele; exige também lidar com suas vidas, pretender afetá-las e disponibilizar-se para receber seus efeitos.

Assim, não há como viver a filosofia de forma socrática sem que outros de certa forma a vivam, não se pode viver uma vida socraticamente filosófica sem pretender educar os outros pensamentos e valores, o que os outros pensam e valorizam e, dessa maneira, sem afetar a vida que os sustenta. Também é digno de nota o que Sócrates não ensina: nada que esteja fora de sua vida e de sua forma de vivê-la; não há uma doutrina externa, nem própria, muito menos de um terceiro; não há uma instância alheia ao próprio exercício de pensamento que seria transmitida no seio das conversações. A própria vida é a filosofia e seu ensino. Sócrates pode dar razão de sua vida, e isso ensina, por isso pede que os outros deem a razão de suas vidas. Nada há para ensinar a não ser mostrar certo modo de andar pela vida e de poder defender esse modo na palavra compartilhada.

Simón Rodríguez foi comparado por muitos com Sócrates, primeiro por Simón Bolívar, que chama seu mestre de o Sócrates de Caracas. Há pelo menos duas referências nesse sentido, em cartas enviadas por Bolívar ao general Francisco de P. Santander. Na primeira, escrita em Pallasca, em 8 de dezembro de 1823, ele mostra crer que Rodríguez está de volta da Europa e pede a Santander que lhe entregue de sua parte o dinheiro que ele necessite, que lhe solicite que o escreva muito, e que vá vê-lo. Diz a Santander que faça por ele "o quanto merece um sábio e um amigo meu que eu adoro". Literalmente, afirma de seu mestre: "Ele é um filósofo consumado e um patriota incomparável; é o Sócrates de Caracas, embora em litígio com sua esposa, como o outro com Xantipa, para que não lhe falte nada socrático".[42]

O tom é muito elogioso, de admiração. Ele deixa transparecer a alegria por um encontro desejado. Do pleito de Rodríguez com sua esposa não se têm outras notícias. Talvez Bolívar tenha por base as conversas íntimas na Europa, próprias de amigos. Na verdade, tampouco há notícias precisas de pleitos de Sócrates com Xantipa, ainda que existam longas histórias a respeito, a partir do que Sócrates diz dela no final do *Fédon*. E, embora a frase termine com uma declaração completa de semelhança entre um e outro personagem, não aparecem mais elementos nessa carta para entender em que se baseia Bolívar para traçar tão consumada similaridade.

O outro testemunho é ainda mais tênue em relação a Sócrates, ainda que mais enfático em relação a Simón Rodríguez, em outra carta que Bolívar envia a Santander, desta vez de Huamachuco, em 6 de maio de 1824. A carta é cheia de elogios para Rodríguez. Pede a Santander que pague tudo para que Rodríguez vá vê-lo. Bolívar confessa sua paixão por seu mestre: "Eu amo muito esse homem". E acrescenta: "Ele foi meu professor; meu companheiro de viagens, e é um gênio, um prodígio de graça e talento para quem sabe descobrir e apreciar". Os elogios continuam, e depois de um longo parágrafo Bolívar conclui: "Eu tenho necessidade de satisfazer essas paixões masculinas já que as ilusões da minha juventude se apagaram. Em vez de uma amante, quero ter ao meu lado um filósofo; pois de dia, eu prefiro Sócrates à bela Aspasia".[43] Como se vê, Bolívar repete o qualificativo

---

[42] Carta de Simón Bolívar ao general Francisco de P. Santander, 8 de dezembro de 1823. In: *Cartas*, p. 117.

[43] Carta de Simón Bolívar ao general Francisco de P. Santander, 6 de maio de 1824. In: *Cartas*. 2011, p. 122.

de filósofo e faz uma analogia indireta de Rodríguez com Sócrates. Aqui tampouco aparece justificada a comparação, e não há outros testemunhos explícitos.

Em que pode estar baseada a comparação? Em alguns aspectos, parece haver uma distância indisfarçável. Vejamos. Sócrates quase nunca deixou Atenas a não ser para algumas missões militares, enquanto que Rodríguez é um ávido viajante. Sócrates só fala grego e requer que os outros falem a sua língua – como no *Ménon* –, enquanto Simón Rodríguez aprende e fala pelo menos seis línguas fluentemente (inglês, alemão, italiano, português e francês, além de espanhol; sem contar latim, russo e polonês, que também teria aprendido). Sócrates nada escreve, não confia na escrita, aposta no diálogo oral, enquanto Rodríguez é um escritor obcecado por publicar suas ideias (é verdade, também, que suas publicações foram quase todas posteriores a essas cartas de Bolívar). Sócrates afirma não ter sido mestre de ninguém, e Rodríguez se orgulha de ter sido um professor, entre outros, de Bolívar. Sócrates não cria qualquer instituição, e Rodríguez funda inúmeras escolas e instituições de ensino. Sócrates afirma ser sábio sem nada saber, e Rodríguez demonstra que possui inúmeros saberes. Sócrates elogia a ignorância, e Rodríguez a considera uma das principais causas dos males sociais. Poderíamos traçar outras diferenças, mas essas parecem já suficientes e importantes para marcar certa distância que põe em dúvida a semelhança traçada por Bolívar.

Não se trata de dissimular ou negar essa distância, mas também muitas semelhanças saltam à vista, ainda em relação a essas diferenças marcadas. Juan David Garcia Bacca destacou aspectos pessoais de modo semelhante: no caráter, ambos enérgicos argumentadores e defensores de suas ideias, orgulhosos, firmes, inclusive parecidos nas semelhanças físicas:

corpo forte, características salientes, sorriso malicioso.[44] García Bacca também mostra semelhanças em questões religiosas (Sócrates foi acusado de não acreditar nos deuses da cidade, e são também reconhecidas as ideias "extravagantes" de Rodríguez em assuntos religiosos) e na forma de morrer: os dois morrem (e vivem) pobres e têm uma morte lúcida (Sócrates dialogando com os seus amigos sobre a vida, a morte, a imortalidade, o outro mundo; Simón Rodríguez dando uma palestra materialista ao padre Santiago Sánchez que o tinha ido visitar). García Bacca (1978, p. 21) conclui a comparação reforçando a semelhança de ambos como "modelos de simplicidade" que, ao mesmo tempo, sabiam quando e como se vestir de acordo com a etiqueta (Sócrates no *Banquete*; Simón Rodríguez em um retrato que se conserva na Academia Militar de Quito).

O retrato de García Bacca é preciso. Poderia, inclusive, até se ampliar em alguns detalhes, como a ironia compartilhada, segundo mostram os vários retratos satíricos que aparecem sobre Sócrates nos *Diálogos* de Platão e que S. Rodríguez faz de si mesmo em seus escritos.[45] Gostaríamos, no entanto, de acrescentar outras questões que, talvez, Bolívar tenha considerado para seu testemunho e que estão diretamente relacionadas com nossa ideia principal: o fazer escola.

Acreditamos que Sócrates e Simón Rodríguez compartilham aspectos significativos em seu modo de fazer escola. Em primeiro lugar, um modo de vida comum, uma postura semelhante ante si mesmo e os outros, que pode se resumir no *dictum* socrático de *Apologia de Sócrates* 38a ("Uma vida não examinada não merece ser vivida por um ser humano") e do qual Simón Rodríguez se encontra tão perto que parece tê-lo incorporado

---

[44] A comparação realiza-se em Juan D. García Bacca, 1978, p. 13- 23.

[45] Por exemplo, ver a crítica irônica ao Diretor da Instrução Pública de Chuquisaca em "Defensa de Bolívar", II, p. 357.

em uma vida de constante questionamento e busca de si mesmo e de outros. Claro que os modos em que cada um empreendeu essa busca reconhecem diferenças que, entre outras coisas, não podem ignorar as distâncias culturais e de época. No entanto, em ambos também recai bem essa analogia que o próprio Sócrates faz de si mesmo como uma mutuca,[46] cuja missão seria a de despertar os cidadãos atenienses do sono em que vivem.

Sócrates e Rodríguez são fortes críticos das sociedades que habitam, perturbadores sociais que têm um projeto educacional para mudar a sociedade. Mesmo com todas as diferenças de caso, ambos compartilham uma obsessão por encontrar as outras pessoas para "educá-las".

Isto é, os dois consideram que, para praticar a filosofia, para exercê-la do modo como a entendem, devem fazer escola com outros. Ambos outorgam à sua tarefa o caráter de uma missão. Na origem desse mandato existe nos dois casos um relato mítico fundacional, com diferentes matizes: no caso de Sócrates é uma missão "divina", vinda do oráculo sagrado de Delfos; no caso de Simón Rodríguez, é uma missão cívica, surgida de um juramento feito com Bolívar no Monte Sacro, em Roma. Para ambos, viver a vida que decidiram viver justifica-se pela maneira como essa vida afetará outras vidas. Para os dois esse mito fundacional instaura uma necessidade: a de fazer escola, de ensinar os outros a viver. Ambos deixam sua vida nessa tarefa, jogam-se inteiramente nisso.

Sócrates é acusado pelo menos de duas coisas: de irreligiosidade e de corromper os jovens. Do mesmo é acusado Simón Rodríguez. No primeiro caso, diz-se que é ateu, agnóstico ou que tem ideias estranhas em matéria religiosa. No segundo caso, ele é acusado em vários sentidos, quer por

---

[46] Mutuca é uma mosca que incomoda o gado e os homens com sua picada dolorida.

corromper espíritos da classe privilegiada, como Bolívar, quer por educar na liberdade aqueles que estavam destinados a obedecer.[47] Eles são mal compreendidos, considerados exóticos, estrangeiros em sua própria cidade e, quando são compreendidos, são reputados perigosos para a ordem estabelecida. O de Caracas teve, talvez, um pouco mais de sorte do que o de Atenas, mas ele poderia igualmente ter sido morto.

Também os dois pensam de forma semelhante o papel do educador: ambos procuram distanciar-se dos professores transmissores de conhecimento e se apresentam como inventores, cada um no seu tempo, de um novo lugar para o educador e de um novo sentido para a educação. Esse lugar diz respeito a despertar os outros de uma forma de vida que parece indigna, que não parece vida. São igualmente irreverentes no modo de exercer a prática que proclamam. Cada um inventa seus próprios métodos, a sua maneira de fazer o que fazem, peculiar, singular, inovadora frente aos modos usuais.

Ambos procuram tirar os outros de seu lugar de ignorância, de mudar a relação que têm os seus concidadãos para com o saber, para que se ocupem do que não se ocupam, para que pensem no que não pensam. Não há diferença profunda na maneira como Sócrates valoriza a ignorância e Rodríguez a despreza. São ignorâncias muito distintas. Sócrates valoriza, como ignorância, a não presunção de saber, e Rodríguez despreza o não saber tanto quanto o não inquietar-se em relação a esse não saber. Assim, é interessante notar que, no fundo, Sócrates valoriza a ignorância como uma forma de saber, isto é, considera ignorantes os pseudossábios, e

---

[47] García Bacca destaca este aspecto com particular ênfase e elegância. Ao se referir à frase "Dénseme muchachos pobres" de *Sociedades americanas en 1828*, disse: "Esto es ser maestro y director de Educación, con cosmopolitismo social" (1978, p. 33).

sábios os sabedores de sua ignorância, algo que Rodríguez não teria muita dificuldade em compartilhar. Sócrates se diferencia dos pedagogos profissionais do seu tempo por não cobrar, não transmitir saber algum e não mudar seu discurso em público ou privado. Rodríguez subscreveria as três coisas, ainda que tenha tido de cobrar para sobreviver. Sócrates firmaria com agrado suas palavras de condenação à mercantilização da educação: "Fazer NEGÓCIO com a EDUCAÇÃO é............... diga cada Leitor todo o mal que possa, ainda lhe restará muito por dizer" (II, p. 148).

Embora Sócrates nunca tenha se recusado a dialogar com ninguém que quisesse fazer isso com ele, é certo que muitos de seus interlocutores são aristocratas que têm tempo livre e podem se dedicar a falar sobre assuntos que lhes dizem respeito. Em Rodríguez é muito mais claro o compromisso de dedicar sua vida à educação dos excluídos, especialmente após seu regresso à América. Poderíamos dizer, então, que Rodríguez não é só o Sócrates de Caracas, mas um Sócrates popular.

Mesmo algumas das diferenças assinaladas poderiam não ser vistas como tais em uma análise mais acurada. É verdade que Sócrates nunca deixou Atenas, mas certamente também é verdade que ele não ficava parado, que andava de lá para cá sempre à procura de um local adequado, mudando de lugar, deslocando-se, saindo de um mesmo lugar. Em relação à escrita, os dois parecem ser seus críticos e preferem a palavra falada à palavra escrita. Na verdade, Rodríguez não considerava que a escrita e a leitura deviam ser as primeiras coisas a serem aprendidas na primeira escola, mas só viriam depois de calcular, falar e raciocinar (I, p. 236), e posiciona a leitura como "o último ato no trabalho de ensino" (I, p. 243).[48] Rodríguez entende que

---

[48] Aí a ordem é: calcular-pensar-falar-escrever e ler.

aprender a pensar tem a ver com aprender a falar; a melhorar a compreensão, a articulação, a acentuação, e que aprender a ler não é o começo, mas o fim da aprendizagem de uma língua (II, p. 28-29). A negação de Sócrates de ser um professor é, na verdade, uma recusa de ser professor ao modo como ensinavam os profissionais de seu tempo. Mas depois de se recusar a ser um professor, Sócrates aceita que algumas pessoas aprendam com ele, ou seja, não nega propiciar relações pedagógicas, de aprendizagem, com os seus interlocutores.

No entanto, ainda é possível que, especificadas em um nível maior de detalhe, algumas outras diferenças apareçam. De qualquer maneira, creio que vale a pena prestar atenção a esse gesto comum, filosófico, educacional, político, de enfrentar, sem concessões, os valores afirmados no estado de coisas, de serem ambos críticos intransigentes do modo como se vive socialmente. Ambos parecem incluir sua própria vida nesse gesto. Em ambos não se pode separar a vida de seus ensinamentos. Não se pode separar a vida daqueles que aprendem do que aprendem, mas tampouco se pode separar sua própria vida do que eles mesmos ensinam. Sócrates e Rodríguez *se* ensinam em seus ensinamentos. Ambos vivem para ensinar e ensinam para viver. Ensinam sua vida, ensinam a viver vivendo. Assim, fazem escola, com a filosofia. A vida de um e de outro é uma escola de filosofia. Seu caráter irreverente e iconoclasta é uma marca comum das duas vidas filosóficas.

Uma escola cínica

Ao final da *Apologia,* Sócrates e a filosofia, esse modo de vida que aquele faz nascer, essa escola de filosofia, são condenados como irreligiosos e por corromper os jovens. Muitos outros filósofos da Antiguidade são igualmente condenados por irreligiosidade, entre eles alguns cínicos. O cinismo de alguma forma aprofunda essa relação que Sócrates estabelece entre filosofia e vida ao se defender dos acusadores na *Apologia*, na medida em que a palavra é reduzida pelos cínicos à demonstração da própria vida. A própria vida é o testemunho da filosofia cínica. Nesse sentido, o cinismo é uma escola de vida, caracterizada muito mais pela prática de um estilo de vida que por ter desenvolvido um marco teórico sofisticado. Então, a forma de vida cínica tem condições, características e regras muito específicas, enquanto que o seu campo doutrinário é muito estreito e limitado.

Algumas imagens dos cínicos são interessantes porque têm servido também para aproximá-los de Simón Rodríguez. Por exemplo, o cínico é comparado a um espião militar, alguém que vai até as fileiras do inimigo para tentar descobrir o que pode ser conveniente para o próprio exército, para estar alerta a sua tática, defender-se melhor ou atacar de surpresa. É um mensageiro errante, sem pátria, sem amarras. Vive uma vida desprendida, livre e autodeterminada. Por isso, o cínico é também o homem do bastão, dos pés descalços, da mendicância, da sujeira; desprende-se de tudo o que pode condicioná-lo, do dispensável, do inútil, não essencial, perturbador da desnudez essencial do humano.

Da mesma forma, Diógenes, como Sócrates, recebe uma missão do oráculo de Delfos: "Mudar, alterar o valor da moeda". A partir da proximidade etimológica entre *nomisma* (moeda) e *nomos* (lei, norma), interpretou-se essa missão no sentido de alterar a ordem social. A vida cínica seria uma busca que procura inverter o modo de vida social, virá-lo de cabeça para baixo. É também uma vida soberana, como evidenciado pela anedota contada por Diógenes Laércio em que Diógenes se considera mais poderoso que o imperador Alexandre Magno, porque, enquanto este, para garantir e exercer o controle, depende de muitas coisas (como o exército, os aliados, as armaduras etc.), Diógenes, em contrapartida, não depende de nada nem de ninguém para levar a vida que leva. Além disso, Alexandre precisou se tornar rei, enquanto Diógenes é rei desde sempre, por natureza, filho de Zeus. Por outro lado, por mais que derrote seus inimigos externos, Alexandre sempre terá que lutar contra os seus inimigos internos, seus defeitos e vícios que, contrariamente, Diógenes não tem. Finalmente, Alexandre pode perder o seu poder a qualquer momento, enquanto que Diógenes é rei para sempre. Assim, Diógenes é o único rei verdadeiro, um rei tão dedicado quanto ignorado, tão miserável quanto oculto, mas o único rei verdadeiro.

O cínico é um combatente, um lutador, um resistente. Lutando contra todas as coisas humanas e contra todos os seres humanos: contra si mesmo, contra os seus desejos e suas leis, costumes e padrões. Seu modo de fazer escola é singular: não conversa, não dialoga, não argumenta. Não é um professor ou formador de pessoas. As sacode, as converte através de gestos mínimos, mas profundos e radicais. É um franco-atirador de uma vida filosófica tão urgente e necessária quanto impossível de ser aceita pelos outros seres humanos, os filósofos incluídos.

D. García Bacca também comparou Simón Rodríguez a Diógenes, o Cínico. Embora também nesse caso reconheça as distâncias históricas e culturais notórias, García Bacca simboliza uma característica comum no desprezo ante a atitude presunçosa do déspota. No caso de Diógenes, da anedota com Alexandre Magno, recorda que Diógenes lhe pede que se retire de onde está, de sua frente, porque o impede de tomar sol. De Rodríguez recria a cena compartilhada com Bolívar ante a coroação de Napoleão, quando o mestre e seu discípulo escapam da cerimônia de coroação e se encerram em seu quarto com as janelas fechadas para se isolarem, como a mais intensa forma de repúdio ante a miserável coroação do conquistador. Ambos apresentam o mesmo desprezo pelo poderoso que não merece o respeito e a reverência que goza socialmente. P. Orgambide observa que Rodríguez lhe teria dito a mesma coisa a respeito de um compatriota que o exortava a retornar à sua pátria em vez de "perambular" pela Europa. E acrescenta, com ironia rodrigueziana, que era "o dia mais chuvoso e nublado de Paris" (2002, p. 59).

Há também uma anedota que serve de base a uma boa analogia feita por Garcia Bacca. Diz-se que Diógenes andava por Atenas com uma lanterna acesa em plena luz do dia à procura de um homem. Em um retrato de um discípulo de Rodríguez, "Um guerreiro em Latacunga", de 1850, o professor aparece caminhando com uma lanterna sustentada na parte inferior da sua bengala, em busca, conjectura García Bacca, do "homem americano".

A comparação pode ser aprofundada, na medida em que Diógenes de alguma forma radicaliza o gesto socrático de estrangeiridade e irreverência frente aos valores da *pólis*. Em Diógenes, como vimos, sua vida é sua verdade, não há quase nenhum diálogo, método, pedagogia, a não ser um mostrar a si mesmo, à vida própria, crua, nua, como gesto ao mesmo tempo pedagógico, político, filosófico. Se em Sócrates e Simón Rodríguez, o que se ensina é a própria vida, em Diógenes não poderia ser diferente, porque não há outra coisa a ensinar. O escândalo aqui vem inteiramente do próprio corpo, tornado ato pedagógico. São conhecidos os gestos obscenos de Diógenes para satirizar os valores socialmente sacralizados. Em todo caso, Sócrates, Diógenes e Simón Rodríguez são igualmente irreverentes ao dessacralizar os valores sociais.

Um mestre ignorante ou desobediente?

São tentadoras as semelhanças com outros educadores e pensadores europeus da época de Simón Rodríguez. Muito se tem especulado sobre as influências recebidas durante os mais de 20 anos em terras europeias, sobre suas leituras e seus encontros. Muitas vezes, observou-se a influência de *Emilio* de Rousseau na relação pedagógica entre S. Rodríguez e Bolívar, mas M. Durán (2011) mostrou solidamente o caráter infundado dessa pretensão.[49] Não encontramos nada sobre Joseph Jacotot, pedagogo francês a quem J. Rancière deu vida no mundo contemporâneo a partir de seu *O mestre ignorante* (2007). Ainda que tenham compartilhado, por algum tempo, a mesma terra na Europa, não há nenhuma referência ao francês na obra de Rodríguez ou na de seus comentaristas.

Com Jacotot, Rodríguez parece ter compartilhado sua ocupação pelos excluídos. Ambos pensam a educação para os descartados, os analfabetos, sobre os que mais pesam os efeitos de uma educação a serviço dos modos de vida dominantes na Europa e na América. Ambos trabalham na educação para reverter essa situação. Certamente, há uma diferença fundamental: Jacotot chega a considerar, depois de algumas tentativas falhas, que a emancipação só pode vir de um indivíduo para outro, que não há algo assim como uma emancipação social, para a qual Rodríguez trabalha toda a sua vida e na qual sempre confiou, para além dos experimentos que em nada resultaram. Há, portanto, uma inevitável oposição: Jacotot acaba afirmando uma incompatibilidade entre instituição e emancipação, que Rodríguez rejeitaria categoricamente.

---

[49] C. Jorge (2000, p. 6) descarta também uma filiação nas ideias pedagógicas de Rodríguez, mas defende um rosseaunianismo deste, em parte, em sua doutrina política.

Pelo contrário, segundo o caraquenho, é através da educação institucionalizada, nas escolas, que pode ser alcançado algo como a emancipação, que, também é preciso notar, um e outro concebem de modo radicalmente diferente: enquanto a emancipação jacototiana é uma emancipação intelectual, de uma inteligência que só obedece a si mesma, em Rodríguez a emancipação é social, política, ética, estética, epistemológica, ontológica, existencial...

Contudo, existem pontos comuns de interesse. Ambos têm uma pretensão de generalidade (palavra muito cara a Rodríguez), acreditam que a educação deve cuidar de todos, sem exceção, que não se pode excluir por direito a ninguém do campo do saber, do pensamento. Ambos confiam muito no que cada ser humano pode enquanto ser humano, sem colocar condições. Ambos estão empenhados em governar o menos possível a vida de cada pessoa e em criar as condições para que essa potência se atualize em todos, sem exceções. Os dois pensam que um professor que se aprecie como tal trabalha sobre a vontade dos que aprendem, na medida em que a vontade é o motor do pensamento. O lema de Rodríguez é "educar é criar vontades" (I, p. 29); em Jacotot é o de formar a vontade de forçar a inteligência para tirar toda a força de que é capaz um (qualquer) ser humano. Em suma, educar, para ambos, é formar vontades. Embora tenham desenvolvido métodos específicos e precisos para isso, nenhum dos dois parece dar demasiada importância aos métodos ou, em todo o caso, subordina os métodos aos princípios e sentidos da educação. Ambos compartilhariam a ideia de que cada professor deve escolher seu próprio caminho, e a verdadeira luta passa por pensar por que e para quê faz o que faz, a partir de qual princípio e com qual sentido educa do modo que educa.

Em relação à ignorância, se apresenta, como no caso de Sócrates, uma aparente diferença igualmente marcante. Em

Rodríguez há uma crítica explícita da ignorância que aparece enaltecida por Jacotot. Mas os dois pensadores trabalham em dois níveis conceituais diferentes com a ignorância. Para Jacotot, embora ele destaque a ignorância do mestre, o faz para enfatizar a dissociação entre saber e docência, ou seja, para tentar sustentar o papel docente em algo diferente do saber. O professor de Jacotot é professor não porque sabe, a menos que o que saiba seja a igualdade das inteligências. E ninguém nem sequer isso sabe, é apenas uma opinião, um princípio político sem valor epistemológico que poderá ser verificado, mas nunca comprovado na prática. É verdade que esse professor tampouco sabe o que o estudante aprende, mas, na verdade, a única ignorância que para Jacotot diferencia o embrutecedor do emancipador é uma ignorância política, e não epistemológica: a ignorância da desigualdade prevalecente na ordem institucional. É mais uma desobediência do que uma ignorância em sentido estrito. O professor emancipador conhece essa desigualdade, a sabe, e exatamente porque a sabe não a ouve, não quer saber nada com ela, a ignora no sentido de que resiste a ela, a confronta, a desobedece. Não há um elogio *stricto sensu* da ignorância como ausência de saber, mas de seu papel político como o motor de uma atitude de resistência e recusa em relação à desigualdade das inteligências. O mestre ignorante é, na verdade, um mestre desobediente, como Simón Rodríguez.

O caraquenho não teria maiores problemas em aceitar esse princípio e esse valor político da ignorância. Ele também trabalha com a ignorância em vários níveis. Em um, mais superficial, o termo parece ter seu sentido mais coloquial de falta de conhecimento, mas em um nível mais profundo o vê funcionar como uma falta de querer saber, de vontade de aprender (II, p. 118). O ignorante não é tanto aquele que não sabe, mas aquele que não pode ou não quer saber, e que, por isso mesmo, não pode governar a si próprio. Sua indiferença está na relação com o mundo e também no "não olhar" que dirige ao estrangeiro – o indígena, o escravo. Os ignorantes podem acreditar-se muito instruídos, mas perderam completamente a curiosidade e a sensibilidade, que são os motores do saber, são completamente incapazes de governar suas vidas segundo o que sabem. Nesse sentido quase socrático da ignorância, pode haver sábios ignorantes, embora pareça contraditório. Por isso, Rodríguez pretende eliminar a ignorância e a combate como um inimigo, como uma espécie de insensibilidade, de apatia, por seu caráter paralisante. Assim descrita, a ignorância também seria uma inimiga, e não uma aliada, de Jacotot.

Ambos os pensadores são vozes dissonantes não só em sua época, mas na história das ideias pedagógicas. Cada um em seu tempo e seu espaço, enfrenta os discursos pedagógicos instalados nas escolas. Eles dizem o que esses discursos não querem ouvir. Eles mostram suas falhas, seus pontos não pensados, suas obviedades e naturalidades. Precisamente por esta razão, ambos "fracassam" em suas experiências em relação ao êxito institucional das mesmas: porque se tornam insuportáveis, impossíveis de ser escutados pela língua maior da pedagogia.

Entre os educadores latino-americanos, a semelhança talvez mais apontada em relação a Simón Rodríguez é com Paulo Freire, o educador pernambucano, atualmente reconhecido como uma figura singular no marco da chamada "educação popular" ou da "pedagogia da libertação".[50] Embora não existam testemunhas de que Freire tenha lido Rodríguez, algumas das suas palavras-categorias parecem inspiradas

---

[50] Nesse sentido, um trabalho clássico é o de Adriana Puiggrós (2005).

no caraquenho. É o caso, por exemplo, do "inédito viável", que ecoa o chamado de Rodríguez a inventar e não aceitar jamais o dado como acabado, realizado, imodificável; ou da curiosidade, como motora da educação e da vida. O mesmo se poderia dizer da alegria que acompanha necessariamente o ato educativo, na figura do educador e na maneira de ele mesmo viver uma vida dedicada à educação (FREIRE, 1996, p. 72). Também aqui parece sorrir, à sombra do pernambucano, o mestre caraquenho.

Outros aspectos em comum entre S. Rodríguez e P. Freire resultam evidentes ainda numa aproximação inicial. Entre eles, destaco: a aposta comum por uma educação popular e o trabalho de ambos em favor dos mais excluídos em seus contextos sociais; seus compromissos no sentido de exercer cargos de governo na educação pública da América Latina; sua valorização da escola, como uma instituição propícia para produzir as desejadas mudanças sociais; sua defesa das condições do trabalho docente como um requisito para o bom funcionamento da instituição escolar; sua crítica dos métodos e sistemas "tradicionais" de ensino e sua proposta de métodos e modos alternativos de pensar o ensino, isto é, a sua reinvenção do papel e do sentido do educador (para ambos, os métodos não são valiosos por si mesmos, mas pelos fins que perseguem); seu caráter de viajantes que percorrem América e Europa pensando e agindo em educação; sua confiança na palavra, no discurso, na crítica, na argumentação, no diálogo, na razão como forma de relação pedagógica e social.

Poderia especificar outros aspectos, mas prefiro determe aqui e aprofundar alguns deles, o que permitirá visualizar algumas semelhanças profundas e também diferenças significativas. Antes de continuar talvez convenha apreciar uma nova semelhança: trata-se de duas pessoas vivas, pensantes, inquietas, que se arriscaram inteiramente no pensamento e que pensaram de maneira diferente em distintos momentos de suas vidas. Quero dizer, assim como destacamos diferenças marcantes entre o Rodríguez que viveu na Venezuela e o que retornou à América, bem como o viajante do velho continente, o mesmo poderia se dizer de Paulo Freire. E, mesmo quando muitos esforços tenham sido realizados para destacar algumas linhas que dariam unidade ao seu pensamento, são notáveis as distâncias entre, por exemplo, a *Pedagogia do oprimido* e a *Pedagogia da autonomia*, para limitarmo-nos a mencionar duas das suas obras mais conhecidas. De modo que uma primeira pergunta que surge quase imediatamente ao relacionar esses dois pensadores é: qual Rodríguez e qual Freire estaremos colocando em relação?

Sem desconhecer a importância dessa pergunta, faremos um paralelo tomando certa liberdade para transitar por distintos momentos da obra de Freire. O caso de Rodríguez é mais simples, já que nos referiremos apenas àquele de sua obra escrita na América depois de seu retorno da Europa. Nesse marco, vale pensar que embora seja verdade que os dois afirmam um compromisso claro e explícito com a educação dos mais excluídos, o concretizam de forma diferente. Enquanto Paulo Freire concentra seus esforços na alfabetização das classes populares e, mais concretamente, dos adultos e camponeses, Rodríguez concentra-se mais na formação intelectual e vital das crianças descartadas nas jovens cidades da América do Sul que ele habitava na primeira metade do século XIX. De certo modo, Rodríguez chega a considerar a leitura e a escrita – privilegiadas na ação pedagógica de Freire – uma instância posterior na formação dos educandos, depois de ter aprendido o cálculo, a lógica, o pensar, e inclusive a palavra falada, o argumentar. Para Freire, ao contrário, a alfabetização de jovens e adultos é a chave que lhes permitirá uma leitura crítica do mundo como uma ferramenta nodal para a transformação de si e do próprio mundo.

Tendo como horizonte de investigação e de trabalho a educação do pensamento, surge uma pergunta: como se aprende, com mais força, a pensar? Rodríguez e Freire parecem dois interlocutores privilegiados e diferenciados para pensar essa pergunta.

No *Dicionário Paulo Freire* (2008, p. 40-41), Carlos R. Brandão afirma que, entre os seres humanos que viajam, alguns o fazem porque querem (viajantes, turistas), outros se deslocam porque creem (peregrinos), outros andam porque necessitam (os exilados, os que passam fome) e, finalmente, outros viajam porque devem (os comprometidos). Afirma que Paulo Freire pertence às duas últimas categorias. Acreditamos que Simón Rodríguez também. Ambos são viajantes incansáveis, por necessidade e por convicção, por compromisso e coerência. Ainda quando pareça anedótico, inclusive coincidem em alguns países nos quais vivem, como Bolívia, Chile, Estados Unidos e Inglaterra. Contudo, ainda sobre esse solo comum, as motivações de suas viagens talvez sejam algo diferente; o compromisso e a necessidade parecem se nutrir de fontes diversas. Freire é forçado pela ditadura ao exílio, primeiro na Bolívia, depois no Chile e mais tarde na Europa (Inglaterra e Suíça) porque sua própria vida está em perigo depois do golpe militar no Brasil em 1964. Rodríguez, como já apreciamos, não parece ter essa urgência para sair de viagem, embora exista o mítico relato heroico sobre sua pretensa participação na Conspiração de Gual y España contra o império espanhol. Rodríguez não é revolucionário e por isso viaja; ele se faz revolucionário ao viajar. Inclusive sua relação com seu país natal é bastante débil: nunca volta à Venezuela, e é justamente fora do seu país, de viagem, que ele encontra motivo e sentido para seu compromisso com os excluídos. O caso de P. Freire é muito diferente. A sua relação com seu país natal é carnal e, assim que estejam dadas as condições políticas, volta ao Brasil, em 1979, para instalar-se ali definitivamente. Seu compromisso revolucionário, com os excluídos, está dado desde sempre, a partir de seu contato com a miséria e a opressão em seu Pernambuco natal. As viagens reforçam, de certo modo, esse compromisso e o fazem cosmopolita. No exílio, percorre todos os continentes: África, Ásia, Europa, Oceania, América, graças a seu trabalho como consultor especial do Departamento de Educação do Conselho Mundial de Igrejas.

Este detalhe merece atenção. Inclusive, ainda perseguido em seu país, P. Freire é reconhecido internacionalmente, nomeado professor em prestigiosas universidades, como as de Genebra e Harvard, ocupa cargos públicos importantes no Ministério da Educação do Chile, na Unesco, e tem, ademais, um vínculo institucional importante com a Igreja católica. Tudo isso está absolutamente ausente na vida de Simón Rodríguez, que apenas é, durante alguns poucos meses, ministro da Educação de Bolívar na Bolívia, mas antes e depois está quase marginalizado das instituições laicas e eclesiásticas, às quais frequentemente se opõe e pelas quais é desqualificado e depreciado. Ao contrário, Freire ocupa lugar destacado em umas e outras. Realiza seus primeiros trabalhos na alfabetização de adultos a partir do Movimento de Educação de Base, dentro da influente Conferência Nacional dos Bispos do Brasil (CNBB). Com os setores mais progressistas da Igreja católica e com o movimento da Teologia da Liberação mantém sempre uma relação muito próxima. Do mesmo modo, participa da fundação do Partido dos Trabalhadores (PT) e ocupa o cargo de secretário de Educação em São Paulo ao regressar do exílio. É nomeado *doutor honoris causa* em inúmeras universidades do Brasil, e em outros países muitas cidades o nomeiam cidadão honorário; recebe incontáveis prêmios; seus livros são traduzidos para mais de 20 idiomas, e muitos outros prêmios e homenagens são instituídos com seu nome, em sua honra. A vida de Rodríguez está marcada, ao contrário, pela falta de reconhecimento, e só recentemente é valorizado, inclusive em seu próprio país. Seu caráter iconoclasta marca sua vida viajante pela América: vive na mais absoluta pobreza, precariedade e ostracismo. Numa época de enorme poder clerical, Rodríguez é anticlerical até o último momento.

Em sua célebre polêmica com I. Illich, P. Freire (1975) deixa clara sua posição em relação à instituição escolar, a qual guarda uma forte proximidade com a de S. Rodríguez. Mesmo que compartilhe com o pensador austríaco sua crítica da escola tradicional, Freire defende o papel de uma nova escola para a transformação social. Ainda que considere que se aprende em muitos outros âmbitos além da escola e inclusive aposte na criação de espaços alternativos, como os "Círculos de Cultura", Freire confia, como Rodríguez, na escola como um lugar de luta, de esperança, um dos motores para uma ação política transformadora.

Em todo caso, a principal proximidade entre as duas figuras tem a ver com o sentido da educação: ambos são educadores para a transformação do estado de coisas. Para além da linguagem e das categorias afirmadas – não por acaso, entre um e outro, passou Marx, com uma influência explícita e notória, em particular na *Pedagogia do oprimido* –, existe uma profunda afinidade ao pensarem a educação em sua dimensão social e política. Nesse sentido, para os dois, a educação manifesta um compromisso com as classes populares, os despossuídos, impossível de ser ignorado. Se não há educação dos excluídos, não há verdadeira educação. Para Freire, em particular na *Pedagogia do oprimido*, essa educação verdadeira supõe, sobretudo, desmascarar a ideologia do opressor, fazer do ato pedagógico um ato fundamentalmente político que libere o oprimido de sua condição como tal, de sua vida desumanizada e alimente sua vocação, epistemológica e ontológica, de saber mais, de ser mais. Isto é, trata-se, antes de mais nada, da tomada de consciência, da conscientização, de desenvolver, através da prática educativa, um pensamento crítico que permita desvelar, no interior do oprimido, a contradição que ele próprio reproduz sem querer, a realidade política em toda a complexidade de sua práxis, ou seja, uma reflexão que o faça passar da consciência alienada a uma ação transformadora de si e do mundo. Para isso, o educador desempenha uma função problematizadora crucial: a de colocar em questão a própria condição dos educandos, ao mesmo tempo em que problematiza a si mesmo (FREIRE, 1983, p. 74 ss.). Nada poderia ser mais próximo do pensamento pedagógico de Simón Rodríguez que esse chamado de Paulo Freire à função crítica da educação. Mas a necessária conexão entre teoria e prática, o papel dos educadores numa educação libertária, inclusive a crítica de Paulo Freire à educação e aos educadores bancários, transmissores de um saber ou de técnicas que não são deles e que, ao não problematizar, reproduzem com seus supostos e sentidos ideológicos e a necessidade de conectar a educação à vida das pessoas, são também eixos principais de seu pensamento pedagógico. A afinidade se aprofunda ainda mais quando Freire (2005, p. 47) destaca que a pedagogia do oprimido em seu segundo momento já não é apenas dos oprimidos, mas de todos os homens em processo permanente de libertação.

Embora pudéssemos seguir com essa imagem, e também poderíamos trazer outras, paramos por aqui. Ao fim, trata-se de ensaiar tanto no pensamento como na escrita e na leitura. Simón Rodríguez, Sócrates, Diógenes, Jacotot, Freire, pessoas de pensamento e de ação, de palavra e de vida, diferentes, estranhos, enigmáticos, talvez nos ajudem a pensar o nosso tempo. Cada um em seu tempo, de diferentes maneiras, todos esses personagens foram considerados loucos, estrangeiros, ingênuos, infantis. "As crianças e os loucos dizem as verdades", repete uma e outra vez Simón Rodríguez em *Extracto suscinto de mi obra sobre la educación republicana*. E, também, repete mais de uma vez, que se trata de educar crianças curiosas. Então chegou a hora de perguntar: quem ousa negar as verdades desses meninos e loucos? Quem se aferra a desqualificar as verdades e a vida de Simón Rodríguez? Quem insiste em negar o que nem sequer é escutado? Vamos dar forma mais afirmativa às perguntas: quem se atreve a pensar com eles uma vida para a educação de nosso tempo? Quem se atreve a inventar, a inventar-se, a inventar-nos uma vida na educação inspirada em algum destes loucos? Quem se atreve a fazer escola ao lado de Dom Simón Rodríguez?

El título de Maestro no debe darse sino
al que SABE enseñar
esto es, al que enseña a aprender,
no... al que manda aprender,
o indica lo que se ha de aprender,
ni... al que aconseja que se aprenda.

Simón Rodríguez (I, p. 247)

EPÍLOGO

Fazer escola, vida e política com Dom Simón

Nós que trabalhamos no campo da educação tomamos, normalmente, a escola como algo dado. Pensamos, logicamente, que a escola está antes e, se não gostamos do que vemos aí, então, nos perguntamos o que podemos fazer nela. Se nos dedicamos, como em nosso caso, à filosofia, muitas vezes vemos a escola como um possível lugar de seu exercício. Pensamos, inclusive – e assim nos manifestamos – em levar a filosofia para a escola. Problematizamos esse lugar e essa presença. Discutimos sua forma, seus métodos, seu significado. Fazemos isso com relação a vários temas e questões: "Para que serve a filosofia na escola?", "Como pode a filosofia contribuir para a formação docente?", "É possível – e, em caso afirmativo, de que maneira – fazer filosofia com crianças na escola?", "Com que sentido?", "Como se relaciona a filosofia na escola com os outros saberes escolarizados?". Poderíamos continuar com outras perguntas. Vamos nos deter, entretanto, na questão do sentido da filosofia na escola.

Apresentam-se várias alternativas para pensar os sentidos da filosofia nas instituições educativas. Sob uma perspectiva mais conservadora, costuma-se desqualificar essa questão, considerando-a sem sentido, a partir de um aparente privilégio da filosofia, que seria uma disciplina que se pratica por si mesma, e não por outras razões externas a ela. Ensinar-se-ia filosofia na escola por ela mesma, pelo seu próprio valor. Porque sim. Assim, aquele que pratica filosofia não estaria preocupado com as coisas do mundo e não é afetado por elas. Para outras posições, mais preocupadas com a função social da filosofia, apresentam-se várias alternativas. Há os que relacionam a prática filosófica à formação do pensamento crítico ou criativo dos estudantes; outros a preferem vincular à formação moral ou ética de crianças e jovens; por sua vez, também existem os que postulam para a filosofia uma intervenção cidadã mais direta, como quando se pensa na sua contribuição para a formação de cidadãos democráticos e para os valores associados a essa cidadania, como a tolerância, o respeito, a solidariedade ou a responsabilidade. Finalmente, existem os que postulam sentidos para a filosofia na escola associados à reforma ou à reconstrução da instituição escolar ou da sociedade na qual está inserida a escola.

Em todos os casos mencionados, ainda quando se postulem sentidos distintos para a filosofia, em relação à instituição escolar e os sujeitos que a habitam, a escola parece anteceder à filosofia e às outras coisas que fazemos nela. Isto é, pressupõe-se que a instituição escolar encontra-se ali esperando a ação da filosofia que ingressaria nas suas aulas a provocar alguns dos sentidos mencionados.

Contudo, antecede a escola à filosofia e ao que se faz nela? Em certo sentido, sim, é evidente. A instituição, o edifício, o currículo e muitas outras coisas e condições estão temporalmente já dadas quando chegamos à escola. No entanto, devemos questionar se essa escola que encontramos é realmente uma escola, se o que encontramos na instituição escolar responde ao que é uma escola. Muitos se apressariam em responder prontamente de modo afirmativo, pois, a partir de uma análise científica, sócio-histórica, não só o é, como também essa é a única escola que existe, a da reprodução, da disciplina, do controle, a que acompanha o movimento das nossas sociedades pós-industriais. Não reconhecer isso seria correr o risco de afirmar uma postura dualista, romântica, idealista.

Não estamos tão seguros. Claro que, de certo modo, essa perspectiva de aproximação à instituição escolar é imprescindível, mas talvez não seja a única ou não abarque tudo o que se pode pensar sobre a escola. Talvez outra perspectiva justamente ajude a notar a ausência daquilo que pensamos que não pode faltar na escola, isto é, do que, se faltar, a escola já não seria realmente uma escola. Para dizer em outras palavras, por mais importantes que sejam todos esses estudos, também é essencial pensar naquilo que, embora pareça contraditório, não poderia não habitar a escola, a não ser que aceitemos que a escola possa ser outra coisa que uma escola de verdade, com todas as letras. Nesse caso, podemos olhar a escola não tanto pressupondo que ela está dada, mas para saber se o que uma análise aguda mostra da escola é realmente uma escola, se essa escola contemporânea é uma escola de fato, sincera, autêntica. No caso da filosofia, poderia significar resgatar um aspecto de cada uma das posturas já afirmadas: certa soberania do pensamento, da filosofia, mas sem indiferença ou desprezo pelo mundo. Ao contrário, por sensibilidade ao mundo. Em qualquer caso, o que é uma escola de verdade?

J. Rancière (1988), em um texto publicado um ano após *O mestre ignorante*, afirma que os habitantes da escola são os iguais por excelência. À primeira vista, a inversão de perspectiva, em relação àquele livro, é surpreendente e difícil de entender. A escola, esse lugar das hierarquias e da desigualdade que, em *O mestre ignorante*, tornava impossível pensar em práticas educativas emancipatórias, uma vez que pressupõe a embrutecedora desigualdade das inteligências, torna-se nesse texto o lugar por excelência da igualdade. No entanto, Rancière esclarece que não se refere à igualdade no sentido intelectual e às escolas concretas, mas a algo que denomina "forma-escola" e que remonta à *scholé* grega. De acordo com Rancière, essa escola não caracteriza uma instituição com uma função social, mas uma forma simbólica que divide aqueles que estão dentro e fora dela a partir de duas maneiras diferentes de habitar a temporalidade: os que estão dentro são os que "têm" tempo para "perder", aqueles que podem dedicar seu tempo para si, para estudar; e aqueles que estão fora da escola, ao contrário, não têm tempo a perder, devem dedicar todo o seu tempo para obter uma rentabilidade que lhes permita sobreviver e por isso entregam seu tempo a outro, à produção, ao trabalho.

Assim, a escola, como forma, é o tempo do ócio por oposição a sua negação, o negócio: na escola estão aqueles com tanto tempo que não se importam em perdê-lo em coisas sem mais valor do que o próprio fazê-las, coisas que se fazem porque sim, por elas mesmas; fora da escola, o tempo é medido pelo rendimento que se obterá de ocupá-lo. Dessa forma, a escola iguala a todos os seus habitantes em função de sua relação com o tempo vivido. Aqueles que habitam a escola são iguais em relação ao tempo livre de que dispõem. E são também iguais, aqueles que estão fora da escola, em relação ao tempo livre de que carecem absolutamente e por isso mesmo estão fora dela.

Rancière (1988, p. 2) estende a semelhança da escola grega à escola moderna. O ponto de encontro entre ambas é que uma e outra retiram do mundo "desigual da produção uma parte de suas riquezas para consagrá-la ao luxo que representa a constituição de um espaço-tempo igualitário".

Isto é, tanto a escola grega quanto a moderna se sustentam materialmente em um mundo produtivo do qual depois se separam, se dividem, e para o qual, em seu sentido originário, não formam nem preparam.

Ou seja, Rancière distingue uma forma de escola originária que não está necessariamente presente nas escolas modernas (nem contemporâneas).[51] Simón Rodríguez faz uma análise semelhante: afirma que a escola originalmente significava ócio, repouso e descanso, "porque o estudo pede tranquilidade" (I, p. 245). Assim também se separa a escola do mundo produtivo, por suas condições: é preciso que o estudante tenha calma para estudar, que possa ser, tranquilamente, nada mais e nada menos do que um estudante. Não tem que se pedir outra coisa: que estude com atenção e dedicação, que se dedique inteiramente a estudar. É disso que uma escola não pode abrir mão, sob o risco de deixar de ser escola.

Qualquer um que entrar hoje em uma escola – seja ela pública ou privada, rural ou urbana, tradicional ou progressista – percebe que nem os que estão dentro são iguais em relação ao tempo de que dispõem, nem os de fora dispõem necessariamente de menos tempo para si mesmos que os habitantes da escola, e, o que é mais significativo, a experiência escolar, o tempo que se passa na escola está fortemente condicionado pelo tempo do mundo produtivo, seja o do mercado (de trabalho), o dos currículos escolares, dos programas, seja o dos testes de aprendizagem, enfim, uma multidão de instâncias externas à própria escola e seus habitantes, que fazem com que sua experiência do tempo seja quase contrária

---

[51] A partir dessa mesma linha traçada por Rancière, J. Masschelein dedicou vários estudos para caracterizar o que constituiria essa forma-escola. Ver, por exemplo, Simons e Masschelein (2012, p. 69-83).

à do tempo livre. Os estudantes não podem hoje estudar tranquilamente, estão sujeitos a uma série de requisitos e "estímulos" que lhes impedem uma experiência do tempo de aplicação e dedicação desinteressada e descansada que os chama a estudar. Não podem ser estudantes que queiram única e simplesmente estudar. Seja porque precisam estudar o que irá permitir o acesso a algo que não está na escola, ou chegar a um outro nível de educação que tem seu atual momento como condição e trampolim, ou posicionar-se socialmente de uma determinada maneira, ou qualquer outro motivo dos muitos que pululam atualmente nas escolas. O fato é que nas escolas de nossas sociedades não existem as condições para uma experiência igualitária e repousada do tempo – o espaço, o estudo, a leitura, a escrita, o pensar. Tamanha a atual invasão do mundo extraescolar nas escolas.

De modo que, ainda que resulte curioso, parece não haver experiência escolar nas escolas. Note-se que se trata de que todos os estudantes possam ser igualmente estudantes, não que algum eventualmente o seja. E também não se trata de defender uma escola abstrata, puramente teórica, mas uma escola prática, material, em que a relação com essa prática tenha valor em si mesma, para além de sua utilidade ou produtividade. É claro que estamos pintando um quadro geral e é possível que existam experiências excepcionais em nível institucional, inclusive dentro das escolas mais submetidas atualmente às lógicas do neocapitalismo que vivemos. Precisamente, seriam exceções que conseguem escapar à lógica dominante, mas que não invalidam nossa percepção anterior: a escola já não é o lugar de escola, *scholé*, divisão igualitária de tempo, separação de um tempo escolar livre, "improdutivo" frente um tempo produtivo.

Então, quem sabe, essa percepção possa dar lugar e sentido a outra forma de relação com a escola e as escolas.

Seria, então, o caso de não mais ir a uma escola que está dada, mas de dar uma forma à escola que perdeu sua forma, de "re-formar" a escola, no sentido de lhe dar de novo forma, de originar uma (nova) escola na escola, reinventando-a, recriando-a. Esta é talvez a primeira (enquanto principal) e última (enquanto sentido) tarefa de um professor: fazer com que a escola seja uma escola de verdade, a sério. A tarefa de cada professor, de todos os professores, de todos os que se ocupam da educação, é fazer escola dentro (e fora) das escolas.

Escuto o leitor ruminando palavras difamatórias: idealismo, dualismo, romantismo, essencialismo, transcendência. Nada disso. A forma escola em que penso é simplesmente um nome para articular uma série de práticas que, sob esse nome, tiveram ou podem ter lugar. Em nenhum lugar há uma "escola" dada, como à espera de ser descoberta. Mas existem inúmeras escolas nas quais entramos diariamente em busca de sentido. Estamos falando desse movimento de pensamento na experiência escolar. A filosofia pode ser o nome de uma prática de pensamento que faz escola nas escolas.[52]

A fazer escola Simón Rodríguez entrega a sua vida. A isso se dedica de corpo e alma. Nisso se joga. Para apreciar, exibir, apresentar esse modo de fazer escola destinamos este texto. Mais uma vez a sombra de Thomas aparece para nós. O que estou dizendo? Não é só a sombra. É seu olhar, seu correr, seu corpo inteiro, em movimento, que estão presentes. Como vimos, Rodríguez faz muitas escolas. Constrói, com suas próprias mãos, muitos edifícios escolares. Essa é uma tarefa inevitável, num momento em que há tantos Thomas pedindo aos gritos para entrar no mundo da educação institucionalizada. Simón Rodríguez entende isso como poucos. Mas Thomas também ensina outra condição. Não é suficiente

---

[52] Para uma tentativa nesse sentido, ver, por exemplo, Kohan e Olarieta (2012).

construir e ocupar edifícios escolares. Devemos ter presente, sempre, todos os dias, aquela imagem de estrangeiridade, criatividade e ousadia para pensar os sentidos de habitá-la, de pronunciar e praticar ali palavras como ensinar e aprender: por quê?, como?, para quê? É preciso ver nessa figura do mestre construtor de escolas um símbolo, um sinal, um caminho, para um fazer escola dentro e fora dos edifícios escolares, no pensamento e na vida.

Finalmente, vamos condensar o que nos parece mais significativo dessa construção, do modo como Simón Rodríguez faz escola, a partir do tempo contemporâneo em que o lemos. Destacamos quatro notas no fazer escola de Simón Rodríguez. Reduzidas cada uma a uma única palavra, são elas: errância, invenção, igualdade e irreverência. Poderíamos reduzi-las a outras quatro: nomadismo, alegria, povo, iconoclastia. Poderiam ser mais outras quatro. Outras. E outras. Mas já são suficientes as que oferecemos. Escolha o leitor as que lhe parecem mais afinadas. Combine-as de outra forma. Ou ponha suas próprias palavras. Essas seriam as notas do modo como Simón Rodríguez faz escola.

Se esse modo de fazer escola se torna interessante para nós, então uma primeira maneira de nos relacionarmos com ele seria nos perguntarmos até que ponto a escola que fazemos se vê afetada por essas notas; isto é, poderíamos pôr em questão de que forma nosso modo de fazer escola é sensível à errância, à invenção, à igualdade e à irreverência, ou qualquer uma das outras palavras que Simón Rodríguez nos inspira. É um começo, e talvez não seja pouco. Mas também podemos pensar em que medida nós somos capazes de pensar um modo especial, particular, singular, único de fazer escola em nossas sociedades. Para aqueles que trabalham com educação, na formação de educadores, multiplica-se a questão: até que ponto somos capazes de contagiar a necessidade de que cada educador problematize e pense por si mesmo o modo como está fazendo escola. Para dizê-lo de modo simples e, esperamos, intrigante: e se cada um de nós que trabalhamos na educação nos propuséssemos já não ir à escola para fazer o que nos é dito para ser feito nela, mas para inventar uma escola que ela não é?

Se ousarmos inventar uma escola, após este movimento, quem sabe ainda nos interesse ser interpelados pelo modo de fazer escola de Simón Rodríguez. Então, valeria a pena fazer algumas perguntas: Temos viajado? Temos saído do lugar que nos pedem que ocupemos? Temos inventado, criado, pensado de verdade? Temos alcançado a todos igualmente? Temos sido irreverentes? Temos questionado os valores socialmente estabelecidos? Se essas perguntas orientam o caminho que temos seguido, é claro, Simón Rodríguez fez escola com a gente, como Thomas fez com o Sócrates de Caracas. Em outras palavras, nós fomos à escola com Dom Simon, ou temos feito, de Simón Rodríguez, uma escola. Como sorriria Dom Simón se lesse estas palavras! Como Thomas sorriria. Como a própria escola sorriria.

REFERÊNCIAS

A.A.V.V. *Simón Rodríguez y las pedagogías emancipadoras de Nuestra América*. Montevideo: Editorial Primero de Mayo, 2012.

ALVAREZ F., MERCEDES M. *Simón Rodríguez tal cual fue*. Caracas: Ediciones del Cuatricentenario de Caracas, 1966.

AMUNÁTEGUI, Miguel Luis. *Ensayos biográficos*. Tomo IV. Santiago de Chile: Imprenta Nacional, 1896.

BARROS, M. de. *Memórias inventadas: a infância*. São Paulo: Planeta, 2003.

DERRIDA, J.; DUFOURMANTELLE, A. *La hospitalidad*. Buenos Aires: Ediciones de La Flor, 2003.

DURÁN, Maximiliano. Infancia y Hospitalidad en Simón Rodríguez. *Childhood & philosophy*, Rio de Janeiro, v. 4, n. 7, jan./jun. 2008, p. 83-102.

DURÁN, Maximiliano. La supuesta influencia de Rousseau en el pensamiento de Simón Rodríguez: La tesis del *Emilio*, *Iberoamérica*, Revista del Instituto iberoamericano de Berlín, a. XII, n. 42, 2011, p. 7-20.

DURÁN, Maximiliano. Radicalidad y originalidad en el proyecto de educación popular de Simón Rodríguez, *UNICA*. Revista de Artes y Humanidades de la Universidad Católica de Maracaibo, v. 12, n. 3, 2011, p. 85-105.

DURÁN, Maximiliano. Simón Rodríguez: militante de una idea. In: A.A.V.V. *Simón Rodríguez y las pedagogías emancipadoras de Nuestra América*. Montevideo: Editorial Primero de Mayo, 2012, p. 73-101.

FOUCAULT, Michel. *Le courage de la vérité*. Le gouvernement de soi et des autres II. Cours au Collège de France, 1983-1984. Paris: Gallimard/Seuil, 2009.

FREIRE, P. *Extensão ou comunicação?* São Paulo: Paz e Terra, 1983.

FREIRE, P. *Pedagogia da autonomia*. São Paulo: Paz e Terra, 1996.

FREIRE, P. *Pedagogia do oprimido*. São Paulo: Paz e Terra, 2005.

FREIRE, P.; ILLICH, Ivan. *La educación*. Autocrítica de Paulo Freire e Ivan Illich. Buenos Aires: Ediciones Búsqueda, 1975.

GARCÍA BACCA, Juan D. *Simón Rodríguez*. Pensador para América. Caracas: Ediciones de la Presidencia de la República, 1978.

GIANNANTONI, G. Les perspectivas de la recherche sur Sócrates. In: DHERBEY, G. Romeyer; GOURINAT, J. B. (Eds.). *Sócrates et les socratics*. Paris: Librairie Philosophique J. Vrin, 2000.

JORGE, Carlos H. Los extractos de Simón Rodríguez. *Apuntes Filosóficos*. n. 31, 2007, p. 7-18.

JORGE, Carlos H. *Educación y revolución en Simón Rodríguez*. Caracas: Monte Ávila, 2000.

KOHAN, W.; OLARIETA, B. F.. *A escola pública aposta no pensamento*. Belo Horizonte: Autêntica, 2012.

KOHAN, Walter Omar. *Filosofía. O paradoxo de aprender e ensinar*. Belo Horizonte: Autêntica, 2009.

LASHERAS, Jesús Andrés. *Simón Rodríguez*. Maestro Ilustrado y Político Socialista. Caracas: Universidad Nacional Experimental Simón Rodríguez, 2004.

LASTARRIA, José Victoriano. *Recuerdos literarios. Datos para la historia literaria de la América española: del progreso intelectual en Chile*. Santiago de Chile: Librería Servat, 1885.

LÓPEZ P., Jorge. *Simón Rodríguez*. Utopía y socialismo. Caracas: Universidad Central de Venezuela, 1989.

ORGAMBIDE, Pedro. *El maestro de Bolívar*. Simón Rodríguez, el utopista. Buenos Aires: Sudamericana, 2002.

ORTEGA, Francisco A. Tomen lo bueno, dejen lo malo: Simón Rodríguez y la educación popular. *Revista de Estudios Sociales*, Bogotá, n. 38, janeiro 2011, p. 30-46.

PRIETO C., Daniel. *Utopía y comunicación en Simón Rodríguez*. Caracas: Academia Venezolana de la lengua, 1987.

PUIGGRÓS, Adriana. *De Simón Rodríguez a Paulo Freire*. Educación para la integración latinoamericana. Buenos Aires: Colihue, 2005.

PULGAR M., Camila. *La materia y el individuo*. Estudio literario de *Sociedades americanas* de Simón Rodríguez. Caracas: El perro y la rana, 2006.

RANCIÈRE, Jacques. Ecole, production, égalité. In: RENOU, Xavier. *L'école de la démocratie*. Paris: Edilig, Fondation Diderot, 1988.

RANCIÈRE, Jacques. *O mestre ignorante*. Belo Horizonte: Autêntica, 2002.

RODRÍGUEZ, Simón. *Cartas*. Caracas: Ediciones del Rectorado de la Uniser, 2001.

RODRÍGUEZ, Simón. *Obra completa*. Tomos I-II. Caracas: Presidencia de la República, 2001.

ROSALES, S., Juan José. *Ética y razón en Simón Rodríguez*. Caracas: Universidad Nacional Experimental Simón Rodríguez, 2008.

ROZITCHNER, León. *Filosofía y emancipación*. Simón Rodríguez: el triunfo de un fracaso ejemplar. Buenos Aires: Ediciones Biblioteca Nacional, 1012.

RUMAZO GONZÁLEZ, Alfonso. *Ideario de Simón Rodríguez*. Caracas: Ediciones Centauro, 1980.

RUMAZO GONZÁLEZ, *Simón Rodríguez: maestro de América*. Caracas: Universidad Experimental Simón Rodríguez, 1976.

SIMONS, M., MASSCHELEIN, J. School: A matter of form. In: GIELEN P., De BRUYNE P. (Eds.). *Teaching Art in the Neoliberal Realm. Realism versus Cynicism*. Amsterdam: Valiz, 2012.

STRECK, Danilo R.; REDIN, Euclides; ZITKOSKI, Jaime José (Orgs.). *Dicionário Paulo Freire*. Belo Horizonte: Autêntica, 2008.

TRASLADO DE LOS RESTOS DE SIMÓN RODRÍGUEZ, DE LIMA A CARACAS. Caracas: Ediciones del Ministerio de Educación, 1955.

USLAR P., Arturo. *La isla de Róbinson*. Caracas: El Nacional, 2009.

WENDEHAKE, José Rafael. *Psicopatía de Simón Rodríguez*. Panamá: Editorial La Moderna, 1935.

Este livro foi composto com tipografia Garamond e impresso
em papel Off-White 70 g/m² na Formato Artes Gráficas.